Bogdan Bogdanović

Vom Glück
in den Städten

Mit 25 Skizzen des Autors

*Aus dem Serbischen
von Barbara Antkowiak*

Paul Zsolnay Verlag

Mit freundlicher Unterstützung
von KulturKontakt Austria

1 2 3 4 5   06 05 04 03 02

ISBN 3-552-05178-3
Alle Rechte vorbehalten
© Paul Zsolnay Verlag Wien 2002
Satz: Eva Kaltenbrunner-Dorfinger, Wien
Druck und Bindung: Friedrich Pustet, Regensburg
Printed in Germany

Mystische Wissenschaften – Menschen –
Dinge – Zeichen – Töne – Gedanken –
Empfindungen – Zeiten – Figuren –
Bewegungen etc.

Novalis, *Entwürfe zu »Die Lehrlinge zu Sais«*
November 1798

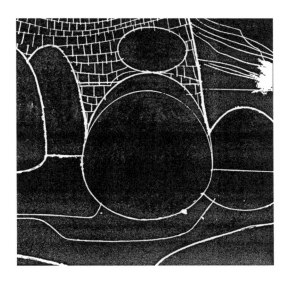

Über Städte an großen Flüssen und über Urbanisten, die nicht schwimmen können

In den ersten Nachkriegsjahren wurden in meinem Land – wo man über Städte sehr wenig und über die Zukunft sehr viel wußte – die paradiesischen Siedlungen der schönen neuen Welt mit der hemmungslosen Heiterkeit der Lalebürger, Schildbürger und Abderiten errichtet. Etwas verkürzt gesprochen fiel das immer etwa so aus, daß die Rathäuser an Blumen- und die Akademien an Trödelläden erinnerten, wobei die Trödelläden mit Mosaiken und erbaulichen Sprüchen geschmückt sein konnten. Die Groteske überstieg häufig selbst den barocken und postbarocken Humor. Ich erinnere mich an eines der ersten Belgrader Nachkriegsrestaurants, das man gebaut hatte, um die westlichen Ausländer in

Erstaunen zu versetzen und ihnen ein paar Devisen abzunehmen; und ihnen nebenbei zu zeigen, daß die Schöpfer des jugoslawischen Sozialismus nichts gegen nationale Traditionen und Religionen hatten. An der Stirnwand befand sich ein großes Fresko, auf dem man sah, wie die bösen Türken nach der halb gewonnenen, halb verlorenen Schlacht auf dem Amselfeld aus Rache für den getöteten Sultan dem gefangengenommenen serbischen Fürsten und Heiligen Lazar Hrebeljanović den Kopf abschlugen. Wohl bekomm's! Erst als eine angesehenere Dame aus dem diplomatischen Corps in Ohnmacht fiel, weil ihr plötzlich bewußt geworden war, daß sie ihr Steak saignant genau unter dem aufgemalten blutenden Kopf schlachtete, wurde das Fresko mit einer dünnen Gipsschicht überdeckt. Doch die Mißgriffe waren nicht immer harmlos und relativ billig. Es gab neugebaute Brücken, zu denen keine Wege führten und über die man lediglich auf Maisfelder gelangte, und es gab Tunnel, nach deren Eröffnung niemand genau sagen konnte, wozu sie gegraben worden waren. Einer davon schmachtet bis heute im Bauch des alten Belgrad als Zeugnis vom unbeugsamen Willen, aber auch von den fatalen Versuchungen der sozialistischen Erbauer.

Eine ähnliche Geschichte über epischen Trotz ist auch die des Hydrotechnischen Instituts und seiner hypermodernen Hallen zur Untersuchung großer Modelle für künftige Kanäle, Uferbefestigungen, Kais und Wasserkraftwerke. Natürlich war so ein Institut mehr als notwendig, wenn man bedenkt, daß Belgrad im Zentrum eines der größten Wasserstraßennetze Europas liegt. Würde man zum Beispiel aus dem heutigen Stadtzentrum einen Kreis mit einem Radius von fünfzig Kilometern ziehen – der nebenbei gesagt nicht größer ist als die bebaute Oberfläche von London und Umgebung –, so verbinden sich innerhalb dieses Kreises fünf schiffbare Flüsse: die Bega mit der Theiß, und die Theiß, die Save und der Tamis mit der Donau. Weil jedoch alles schnell gehen mußte, erschien das Institut zur Erforschung großer Flüsse und ihrer Launen in all seiner Pracht an den waldigen, aber wasserlosen Hängen des Avala-Gebirges, gute zwanzig Kilometer von den Flußufern entfernt. Und so wie die geduldigen Schildbürger mit Töpfen und Schaufeln das Licht in ihr fensterloses Rathaus getragen hatten, so fuhren die ausdauernden Erbauer des Sozialismus das Wasser in Kanistern auf den Berg und schütteten es in riesige Betonbecken.

Das alte Belgrad und das alte Zemun waren noch in den ersten Jahren nach dem Zweiten Weltkrieg zwei Städte für sich, zwei Erscheinungen, zwei Persönlichkeiten. Zwar waren sie einmütig in dasselbe, wirbelig gemischte Donau-und-Save-Wasser gewatet, aber sie blieben doch wohlweislich Städte an den Uferhängen. Vor ziemlich langer Zeit jedoch, wenn ich nicht irre, genau in dem Jahr, als ich die Ehre hatte, das Licht dieser bunten Welt zu erblicken (1922), wurden die ersten Pläne eines für jene Zeit geradezu unglaublichen Projekts entworfen. In der physisch und geistig armen Umgebung der damaligen technischen Verwaltung – Belgrad hatte kaum mehr als 100 000 Einwohner – tauchte mit ein paar kommunalen Ingenieuren auch ein Champion der Architektur auf, der ehemalige Chef-Urbanist von Sankt Petersburg. Beim Kaffee und in gebrochenem Serbisch brachte er wie aus Spaß die ersten Entwürfe für eine dritte Stadt zu Papier: auf der unfruchtbaren, öden Puszta zwischen Belgrad und Zemun, auf dem düsteren, mindestens dreißig Quadratkilometer umfassenden Brachland, das jeden Winter zum vereisten Morast und in manchem Frühjahr zu einem richtigen kleinen »Belgrader Meer« wurde.

Die erwähnte Skizze wurde später sorgsam vergrößert und korrekt ausgearbeitet, so daß die Idee zum Glück erhalten blieb. Sie verrät nicht nur die geschickte Hand eines erfahrenen Meisters, sondern auch die tiefverwurzelte Kenntnis der klassischen Kompositionsprinzipien beim Städtebau. Und noch etwas, was jedes geübte Auge auf den ersten Blick bemerken konnte: großes Verständnis für die Besonderheiten von Städten am Wasser. Doch das Projekt überstieg die finanziellen und technischen Möglichkeiten einer kleinen balkanischen Metropole bei weitem, und so wurde es bald vergessen.

Hat sich in unserem ersten oder zweiten Revolutionsjahr jemand an das altmodische, aber elegante russische Projekt erinnert? Ich zweifle daran. Die Partisanen als Eroberer Belgrads waren zu selbstverliebt, um alte Pläne aus den Archiven zu holen, und für die Idee eines berühmten ehemaligen zaristischen *architektors* hätten sie sich schon gar nicht erwärmt. Dennoch kam es auf unbekannte Weise zu dem Beschluß, auf dem Areal zwischen Zemun und Belgrad, am rechten Donau- und am linken Save-Ufer eine neue Bundeshauptstadt zu errichten, ein jugoslawisches Washington D. C., während die alte Hauptstadt die der Republik Serbien bleiben sollte.

In diesem Wahnsinn war auch Methode. Das Zentrum des neuen multinationalen und mehrsprachigen Staates – das Königreich Jugoslawien wurde nicht als solcher empfunden – ließ sich besser auf der einst österreichischen als auf der einst türkischen Hälfte des Belgrader Territoriums denken. Denn bekanntlich trennten Save und Donau Mitteleuropa vom Balkan und tun es vielleicht noch immer, und für einige sogar Europa von Asien. Aber kehren wir zum Wesentlichen zurück. Wäre die symbolische Abgrenzung geglückt, hätte in dem vermaledeiten Jugo-Labyrinth einiges vielleicht besser laufen können. Doch allen guten Absichten zum Trotz haben sich die beiden Epizentren – das des Bundes und das der Republik Serbien – niemals klar voneinander abgesetzt.

So oder so setzte das Phantasma von einer idealen Stadt der nationalen Toleranz und Weisheit Menschen und Technik in Bewegung. Schiffsbagger trafen ein, sogenannte Arbeitseinsätze wurden vorbereitet, Baracken für Tausende Menschen hochgezogen. Im Handumdrehen wuchsen in den unabsehbaren Sumpfgebieten pharaonische Aufschüttungen. Auf einer Fläche von mehreren Dutzend Quadratkilometern mußte das Terrain um fünf, sechs oder mehr Meter angehoben werden. Die künftige Stadt bekam schon vorab einen Namen, wie er typisch ist für die utopischen Romane der Renaissance: Neu-Belgrad. Das klang so ähnlich wie das Neue Jerusalem, das Neue Atlantis oder Nova Solyma.

Bei dem großen gesamtjugoslawischen Wettbewerb zeigte sich indes, daß die kollektiven Vorstellungen vom Bild unserer Nova Solyma trotz der Trance, in der sie entstanden, nicht besonders inspiriert waren. Sie beschränkten sich mehr oder weniger auf quadratische oder rechteckige Städte. Und das harmonisierte absolut nicht mit den sanften, sehr schönen Windungen der Flußufer. Jenes Projekt aus den frühen Zwanzigern, noch ganz in den Traditionen des russischen Urbanismus, war in seinen Konturen weder orthogonal noch monozentrisch gewesen. Im Gegenteil, es zerfiel in mehrere Sterne für Verkehr und Fußgänger, durch die man in zahllosen Kombinationen leicht zu den Flußufern gelangen konnte. Der Meister von der Newa hatte offenbar viele Ideen in der Tasche und geizte nicht damit. Vor allem kannte er die elementare Tatsache, daß die Bürger von Städten am Wasser hin und wieder auch ans Wasser und nicht von ihm abgegrenzt werden wollen. Unsere Abderiten wußten das offenbar nicht.

So kam es, daß Neu-Belgrad heute nur ein, vielleicht das größte, jedenfalls das teuerste unvollendete Denkmal des CIAM-Urbanismus (Congrès internationaux d'architecture moderne) ist. Aber, falls das ein Trost ist: Es gibt noch viele solcher Neu-Belgrads auf unserer verrenkten Welt, weniger tragische, aber weiß Gott auch tragischere.

Die unvollendete »dritte Stadt«, erbaut auf umgedrehten unterirdischen Sandpyramiden, übersät von erschreckend plumpen Betonkisten, erinnert aus der Vogelperspektive so an Le Corbusiers frühe urbanistische Paradigmen, wie vorjähriger Salat an frisches Gemüse erinnern kann. Wenn im übrigen seine urbanistischen Ideen jemals irgendwo integral realisiert worden wären, sähen sie heute nicht viel besser aus als das, was wir geerbt haben. Als man dem legendären Meister vor seinem Lebensende Fotos von Neu-Belgrad aus der Luft und vom Boden zeigte, soll er gejammert haben: »Bon Dieu, que c'est laid …« Er hatte wohl nicht begriffen, daß die Überbringer der Fotos sich ihm als Musterschüler empfehlen wollten.

Erst zwei Jahrzehnte nach Kriegsende wurde Neu-Belgrad als Stadtraum sichtbar. Doch das war bei weitem keine Geschichte im Rahmen der ursprünglichen Synopsis. Inzwischen hatte man auf das jugoslawische D. C. verzichtet, und statt der Washingtoner Büroriesen breiteten sich langsam aber sicher Wohnriesen aus. Schon Ende der sechziger Jahre waren Teile dieses Belgrads jenseits der Save von Beton-Mastodonten verstopft, die an Höhe sogar den Palast des Dalai Lama in Lhasa übertrafen. Nur daß im Unterschied dazu diese Bauwerke nicht von den »Emanationen höchster Wesen« bewohnt waren, sondern von pensionierten Obersten und mittleren Apparatschiks. Höherrangige Generäle und Patrizier der Partei bevorzugten Vorkriegsappartements und -villen im alten Teil Belgrads (so wie sie auch gern bourgeoise Töchter heirateten).

Als Neu-Belgrad allmählich zum urbanistischen Juwel der Tito-Epoche auffunkelte, war es schon weitgehend von halbvergessenen »Kämpfern der Revolution« bewohnt, von wohlweislich verwöhnten und behüteten stillen Unzufriedenen. Nach dem Bruch mit Stalin und der Sowjetunion gab es unter ihnen noch immer einige heimliche »Bolschewiken«. Viele ließen sich aus Langeweile auf illegale Machenschaften ein und fanden sich ausgezeichnet in Geschäften vom Typ Eine-Hand-wäscht-die-andere zurecht. Was sie jedoch nicht daran hinderte, weiterhin lauthals auf die Kapitalisten und die Freimaurer, auf die katholische und etwas leiser auf die jüdische Internationale zu schimpfen. Sie konnten gefährlich werden: Schon 1968, während der großen Studentendemonstrationen, hallten Schüsse von den Balkonen der Neu-Belgrader Wohnhochhäuser – in privater Regie, gewiß, aber in Übereinstimmung mit dem kategorischen Imperativ rassereiner Kriegsveteranen.

Als isolierter suburbaner Charakter, als sichtbar und unsichtbar profilierte gesellschaftliche und, schlimmer noch, mentale Gemeinschaft war Neu-Belgrad eifrig dabei, als sich unter Milošević »das Volk ereignete«. Es spielte eine entscheidende Rolle bei seiner Eroberung von ganz Belgrad, ganz Serbien und bei seiner mißlungenen Besetzung des gesamten einstigen Jugoslawien. Die verhinderte Nova Solyma veranstaltete Meetings, rief zum Kampf auf für erhabene, längst ausgediente revolutionäre Tugenden, aber auch für das traditionelle orthodoxe Kreuz, das sich wie in Rußland schon längst mit dem roten Stern verbrüdert hatte.

Viele Bewohner von Neu-Belgrad verabschiedeten mit Blumen die traurigen nächtlichen Lastwagenkolonnen voller »Freiwilliger«, die von der Polizei in der Stadt eingesammelt und unter Bewachung an die Front in Vukovar geschickt wurden. Notfalls gingen sie über die Save und trieben unsanft, wie es sich für ausgediente Legionäre gehört, die Demonstrationen von Studenten, Pazifisten und Müttern zwangsrekrutierter Soldaten auseinander.

Zufällig, wenn es überhaupt einen Zufall gibt, war die frei gewählte Form, *morphe*, Gestalt, also der Plan der verhinderten Solyma als titanisches Quadrat mit neun kleineren inneren Quadraten skizziert und erinnerte an das »größte Castrum der Welt«. So zumindest nannte es seinerzeit einer meiner Studenten, der nolens volens in diesem Teil des großen Belgrad lebte und den Patriotismus seiner Mitbürger und ihre politischen Überzeugungen nicht besonders schätzte.

Zurück in die Zeit, als das größte Castrum der Welt erst im nassen Sand zu erahnen und die paranoide Abgrenzung von den Wasserflächen noch nicht ganz vollendet und besiegelt war. Der Chefkoordinator der Projekte, an denen bisher schon viele Hebammen geübt hatten, entstammte meiner Generation. Auf all meine Vorschläge über die letzte Chance, eine Stadt am Wasser, von Wasser durchdrungen, zu bauen und nicht eine Stadt neben dem Wasser und vor dem Wasser versteckt, zuckte der Mann, der aus dem wasserlosen dinarischen Karst nach Belgrad gekommen war, verlegen mit den Schultern. Ich wiederholte meine Lieblingsnummer von einer Stadt an Kanälen mit Schleusen, von künstlichen Seen mit gefiltertem, fließendem Wasser, von der Schönheit der Wasserspiegel und von der schwimmenden Architektur. Ich versuchte, ihn beharrlich zu überzeugen, daß eine Stadt in einer so reichen Wasserschleife mit einem Übermaß an Frühjahrsniederschlägen einfach prädestiniert ist, eine Art kristallreines Venedig auf dem Festland zu werden. Ich bestürmte ihn, so etwa: Schwimm los, noch hast du Zeit! Und er gestand mir treuherzig, daß er nicht schwimmen konnte. Nicht nur im übertragenen Sinne, sondern buchstäblich.

Die Johnnie-Walker-Methode

Die Mitarbeit bei der Projektierung von Neu-Belgrad lehnte ich rechtzeitig ab. Aber ein arbeitsloser Pope tauft auch Zicklein, wie ein altes serbisches Sprichwort sagt. In meinem Fall sah das so aus, daß der Pope sich selbst Aufgaben stellte, und es gab Tage, an denen ich zum Spaß ein Dutzend Kilometer von einem Ende des damals schon ziemlich ausgedehnten Belgrad zum anderen marschierte. Ich suchte nach Kindheitserinnerungen. Streifte durch weniger bekannte Stadtteile und entdeckte, wenn auch in kläglichem Nachkriegszustand, viele halbvergessene Sehenswürdigkeiten. Ich ging auf die Jagd nach kaum bemerkbarem urbanologischem Flitterkram, in der festen Überzeugung, daß man selbst aus den bedeutungslosesten Krümeln vieles über die

Stadt, ihre Lebenskraft, ihren Charakter, ihre Persönlichkeit und ein wenig auch über ihre Zukunft lernen kann. Ich ließ mich auf leidenschaftliche Expeditionen ein und genoß meine Entdeckungen.

Meine Methode war die Johnnie-Walker-Methode. Und ein bißchen auch die von Mister Pickwick, wenn man an die Ausdauer des Kundschaftens denkt. Den Studenten empfahl ich nicht nur dieses Verfahren, sondern nahm sie auch häufig auf meine philosophischen Spaziergänge mit. Ich schleppte sie hinter mir her, bis wir alle erschöpft waren. An das Prinzip halte ich mich noch heute in Wien, und das am Ende meines achten Lebensjahrzehnts. Denn ich bin überzeugt, daß man eine Stadt nur als Fußgänger richtig lesen kann ... mit den Hacken sozusagen.

Das Ziel dieser Seminare zu Fuß war: Lerne, dich umzuschauen, die Stadt zu sehen – was nicht gerade leicht ist –, sie zu atmen, zu hören, zu berühren. Mit einem Wort, sie mit allen Sinnen in freier Assoziation zu erfassen. Ich war damals Assistent oder erst Assistentenanwärter. Aber ich hatte einen großzügigen Professor. Der alte Herr, einst in Paris ausgebildet, wußte, daß sich Ideensysteme und Wissensfonds zumindest in unserem Metier schneller ändern, als manch unantastbarer Kenner zu bemerken vermag. Ich wurde mit Worten empfangen, die klangen wie Musik: »Ich kann Ihnen keine Vorschriften machen, aber ich werde Sie an nichts hindern.«

Ich muß nicht betonen, daß ich die mir gegebene Freiheit weidlich nutzte. Mit den Studenten zog ich kreuz und quer durch Belgrad, seine verborgenen und ihnen meist unbekannten Winkel, wir stiegen in Keller und die städtische Unterwelt und kletterten auf Dächer.

Bis zur Erschöpfung irrten wir durch gottverlassene Gäßchen an der Peripherie, bewunderten die verdrehte Phantasie der naiven Architekten, also der Besitzer oder Nutzer, die ihre ärmlichen Hütten oft eigenhändig auf wundersame Weise ausgebaut und verziert hatten. Wir besuchten Kneipen am Stadtrand und schwatzten mit originellen Leuten, an denen es in Belgrad nie gemangelt hat. Es begannen hochgestochene Debatten über die Stadt, über Städte, über den Menschen in der Stadt, über das Schicksal und das Glück des Menschen. Geredet wurde auch über das schlechte Verkehrssystem, über die vierbeinigen Mitbewohner – Hunde, Katzen, Ratten –, nur politische Themen wurden beiderseits geschickt vermieden.

Die jungen Pickwickier, kaum jünger als ich und begierig, sich die Stadt so gut wie möglich anzueignen und auf ihre Weise zu beschreiben, notierten und skizzierten unermüdlich und bemühten sich, das eine oder andere gleich an Ort und Stelle zu analysieren. Ihre Sicht der Stadt fiel in der Regel etwas romanhaft aus, aber ich stoppte sie nicht – ganz im Gegenteil. Wichtig war ja nicht das Ergebnis, sondern die Methode. Alle hatten Stadtpläne von Belgrad vor sich, die damals überall im Angebot waren, da es ohnehin keine Touristen gab, und konnten nach Herzenslust ihre Eintragungen machen. Welche? Alles nach freier Wahl, aber jedenfalls etwas aus der städtischen Realität Übernommenes und auf eigene Weise Interpretiertes. Die jungen Erforscher des fremden Kontinents namens Stadt erfanden allerlei Symbole und Krakel und zeichneten so allmählich ihre persönlichen emotionalen und mentalen Pläne von Belgrad. Und wenn die Pläne nach einigen Expeditionen ordentlich vollgekritzelt waren, veranstalteten wir in einem

Kellerraum der Fakultät für Architektur kleine interne Ausstellungen und redeten über alles.

»Also«, sagte ich und zeigte auf die vielen Hieroglyphen an den Wänden des Kellerraums, »die Stadt zeigt sich uns wie die Welt in Chiffren, die von E. T. A. Hoffmanns kartesianischen Teufelchen geschrieben sind!« Ich weiß zwar nicht, ob und wie sie es schafften, Descartes und den Verfasser des »Nußknackers« zusammenzubringen, aber daß ihnen das ungewöhnliche Bild gefiel, war offensichtlich.

Als ich zehn Jahre später, zu Beginn der Sechziger, meine Lehrtätigkeit aufnahm, widmete ich mich der Theorie und nannte den Gegenstand, den ich zum Leben erweckte, Urbanologie. Schon terminologisch wollte ich ihn von dem praktischen Urbanismus abheben, der unter damaligen Bedingungen das gemeinsame Hobby von Technokraten, Politikern und Ideologen war. Und ich hatte allen Grund, möglichst unauffällig aus ihrem Gesichtskreis zu verschwinden. Der Fakultätsrat fügte noch den Untertitel »Geschichte und Theorie der Stadt« hinzu, und es gab auch Vorschläge, das neue Fach zur Philosophie der Stadt zu erklären, damit als Gastdozenten einige Belgrader marxistische Philosophen auftreten konnten. Die große Idee geriet zum Glück bald in Vergessenheit.

Ich ordnete mein Fach trotz der respektablen Bezeichnung keinem Wissenschaftszweig zu. Eine ideale Wissenschaft von der Stadt gibt es nicht und kann es nicht geben, so wie es keine globale Wissenschaft geben kann, die den Menschen in seiner Gänze darstellt und interpretiert, von den Chromosomen bis zu seinen moralischen (oder amoralischen) Phantasmen. Da ich mich damals immer noch Sprachspielereien hingab, wurde die verhinderte Urbano-Logie alsbald zu einer Art Urbano-Poetik. Längst ist bekannt, daß auf ein gutes Poem wenigstens hundert noch bessere Poetiken kommen. Wenn wir versuchen, Voltaires Sarkasmus als Regel zu begreifen, könnte man die Frage stellen, wie viele hundert Poetiken das poetische Wunder namens Stadt verdienen würde – dort, wo die Stadt und ihre Poesie noch existierten.

Ende der sechziger Jahre waren die Studenten schon überwiegend Stadt- oder sogar Großstadtkinder. Sie benutzten ausgeklügelte Literatur, schrieben gewandte Aufsätze und versahen sie mit eigenhändigen Illustrationen. Sie waren viel unterwegs und hatten schon manches gesehen, und ich konnte sie auch zu einer komplizierteren Betrachtung städtischer Erscheinungen veranlassen – mit dem generellen Hinweis, nie die Vorzüge der Johnnie-Walker-Methode aus dem Auge zu verlieren und auch die Akribie des verehrten Mister Pickwick nicht zu vergessen. Ich regte sie an, in den bunten Speichern dieser Welt ihre Städte zu suchen und in ihnen wie in einem Spiegel die eigenen Konturen zu erahnen. Und umgekehrt in sich selbst die Reflexe der universellen menschlichen Stadt zu entdecken. Ich brachte sie dazu, sich von Zeit zu Zeit auch mit dem Schicksal einzelner Städte und dem Schicksal der Stadt allgemein zu beschäftigen. Schließlich auch mit dem Prinzip der Urbanität, die wir, wie ich vermute, noch immer alle in uns tragen. Die Ökologie wurde allmählich zum Tagesthema – und die markanten Andeutungen des schrecklichen Traums vom ummauerten Planeten Erde konnten schon als reale Prophezeiung aufgefaßt werden. Was sollte man in einer solchen Situation den Studenten beibringen? Nichts anderes, als daß sie zwischen Vergangenheit und

Zukunft die Schönheit und Weisheit der traditionellen Städte genossen, solange sie noch existierten.

Denn jeder hat das Recht auf eine eigene Urbano-Poetik, pflegte ich hinzuzufügen, und auf die eigene Urbano-Erotik, eine etwas morbide Wissenschaft von einer verspäteten Liebe, weil man Städte auch lieben muß, wenn sie schon aus unserem Gesichtskreis entschwinden!

Europa im Frühling vor fünfzig Jahren

Eine zufällig aufbewahrte Notiz von vor fünfzig Jahren:
 Voriges Jahr lernte ich zeitig im Frühling im Zug zwischen Padua und Verona einen jungen Philosophiestudenten aus Heidelberg kennen, einen Griechen, der aus Wissensdurst gern und oft reiste. Er war natürlich Existentialist und als solcher der erste, den ich live erlebte. Und während er die Vorurteile gegenüber dem Existentialismus zu widerlegen versucht, mühe ich mich vergebens, mir die Unterschiede zwischen Wesen und Sein ins Gedächtnis zu rufen – nach Thomas von Aquin oder nach Heidegger, ganz egal. Plötzlich beginnt mein Reisegefährte zu jammern und redet über existentielle Nebensächlichkeiten. Sein Vater schickt ihm aus Athen nicht viel und das auch nicht jeden Monat, aber er

kommt irgendwie zurecht. Er wirkt übrigens bescheiden, ist still und unaufdringlich, und obwohl er viel redet, tut er das mehr für sich. Alte Kultur, sage ich mir, denn ich halte es für äußerst höflich, daß er kaum Aufmerksamkeit von mir erwartet.

Plötzlich bemerke ich erstaunt, daß mein Mitreisender über Architektur spricht und sich in der Materie ziemlich gut auskennt. Ich frage ihn, wieso er sich dafür interessiert. Er antwortet bereitwillig: Ihn interessiert das Leben in all seinen Formen und Erscheinungen – fast wie Aristoteles! Die Architektur ist ein so kompliziertes und reiches Gebiet des heutigen Menschen, also muß sie ihn einfach interessieren. Er wollte wohl noch etwas zugunsten der allseitigen Existentialphilosophie hinzufügen, ich habe indes auf einmal den Wunsch, ihn zu fragen, ob er die moderne Architektur liebt. Er findet schöne und kluge Worte für sie, aber ist er sicher, daß er sie liebt? Er bejaht, wie sollte es auch anders sein. Doch gleich fährt er fort, wieder wie für sich selbst: Warum die Architektur lieben? Sie interessiert ihn als Phänomen, er schätzt die Methode und Denkungsart der zeitgenössischen Architekten, ihre Doxa. Eigentlich – und hier stockt er wie sich selbst wundernd – hat er keinen besonderen Grund, sie zu lieben!

Man muß daran erinnern, daß dieses Gespräch in der Epoche einer düsteren, doktrinär asketischen, sogenannten funktionalistischen Architektur stattfand, die außer den bloßen physischen beziehungsweise physiologischen Bedürfnissen des Menschen nichts anderes berücksichtigen wollte oder konnte. Ich denke an jene widerlichen Nachkriegsbetonkästen, deren Sprengung heute von ihren einstigen Bewohnern mit stürmischem

Applaus der Erleichterung begrüßt wird. Seinerzeit stand diese asketische »Ästhetik« noch immer unter dem Schutz der heiligen Modernität, und kaum jemand wagte ein Wort der Verurteilung.

Er hat also keinen Grund, sie zu lieben – denke ich weiter –, und auch ich mag sie nicht besonders. Wäre es nicht schön, wenn wir eine ansprechende Architektur erfänden, die wir auch noch lieben? Stellen Sie sich eine Architektur vor, zu der Sie beim Aufwachen sagen können: Guten Morgen, du bist schön und kostbar!

Hier gab es anscheinend einen Bruch im Gespräch:

Mein Gesprächspartner nimmt meine Worte ohne Murren auf, und wir beginnen nachzudenken: Wenn wir nämlich dem Menschen seine heutige Architektur wegnehmen (ich füge bei mir hinzu: und ihr Spiel zwischen Methode und Doxa), was wird sich in seinem Sein wesentlich ändern? Fragen wir uns also, was der Mensch verliert. Was ihm entgeht. Wird er sich beraubt und arm fühlen? Wenn wir ihm Verona, Padua, Vicenza, Siena wegnehmen – und ein unsichtbares Etwas ist bereits dabei –, dann wird es so sein! ... Die Entschiedenheit, mit der ich diese falschen Glaubenssymbole ausspreche, wirkt offensichtlich auf meinen Reisegefährten. Er vergißt, daß er Philosoph und noch dazu Existentialist ist, und offenbart sich als Dichter. Er murmelt vor sich hin und skandiert dann kindlich: eine Architektur, die es lohnt zu lieben ... Und dann, nach längerem Nachdenken, fast seufzend: Ja, ja ... am schwersten ist das zu finden, was es lohnt, geliebt zu werden!

Ob und wie das Gespräch weiterging, darüber gibt es auf den Papierfetzchen, die ich heute besitze, keine Spur.

Europa im Herbst vor einem halben Jahrhundert

Anfang der fünfziger Jahre bekamen einige Assistenten der Belgrader Fakultät für Architektur ein einmonatiges Stipendium für eine Studienreise durch Westeuropa. Obwohl die Devisensumme schmal ausfiel, war das für jene Zeit ein echtes Geschenk. Wir legten einen Plan vor, führten auf, was wir besichtigen und kennenlernen wollten, und nach heftigem Disput wurde eine gemeinsame Marschroute bestimmt. Ich erklärte mich mit allem einverstanden, denn ich reise lieber allein. Und so erfand ich einen Vorwand, um einen Monat später als die anderen aufzubrechen.

Mit einem Wort, ich hatte beschlossen, auf Wanderschaft zu gehen, mit dem Stock in der Hand und dem Gepäck auf dem Rücken, voll romantischer Sehnsucht, ohne bestimmtes Ziel, aber mit einer halbphilosophischen Absicht. Das bedeutete, mit Nachtzügen von Stadt zu Stadt zu fahren und tagsüber zu Fuß zu gehen, und zwar in schlecht besohlten Schuhen. Und in einer Epoche, da der Asphalt vieler europäischer Städte nach den notdürftig ausgebesserten Kriegsschäden bei weitem nicht so glatt und trocken war wie heute. Zudem kündigte sich bereits der kalte und feuchte Herbst an. Doch das war eine unwesentliche Drohung, die meinen Forscherdrang nicht beeinträchtigen konnte. Davon zeugen die vielen Notizen, die ich, wie die Archäologen sagen würden, in situ machte, je nachdem, wie es der Komfort zuließ: auf den Knien auf einer Parkbank, im Zug, in Bahnhofsrestaurants et cetera.

Heute lese ich neugierig die naiven und dennoch präzisen Berichte über mein längst vergangenes Unternehmen, und gleich zu Beginn fällt mir eine ungewöhnliche Anweisung im Befehlston auf:

> Von den vielen Eindrücken schreib die zufälligsten auf, wie sie dir unter die Finger kommen!

Also Herr B. B. an Herrn B. B. zu Beginn der Reise, kurz und klar und etwas tyrannisch! Wer da wen gedrillt hat, spielt heute keine Rolle mehr. Aber daß ich mich der Anweisung widerspruchslos beugte, geht schon aus der folgenden Notiz hervor. Sie verrät meine lasterhafte Angewohnheit, aufgrund kapriziöser, vielleicht auch ganz zufälliger Bilder über die verborgenen Schichten des städtischen Wesens nachzudenken:

> Wollte ich Basel in zwei Worten beschreiben, dann so: eine alte Stadt an einem jungen Fluß. Außerdem war Basel einmal eine kleine, von diesem schwellenden Wasser geteilte Stadt. Ein Teil ist in der Ebene, und der

andere, größere, bedeutendere, angesehenere, irgendwann sicher auch reichere, am anderen Ufer, auf dem Hügel und jenseits des Hügels. Das große Wasser hier ist der Rhein. Der junge Rhein.

Dann, offenbar nach einigen Stunden des Irrens und auf und ab Wanderns, eine weitere Notiz:
> Am Ende die Nacht und leere Straßen. Im alten Teil der Stadt auf dem Hügel steige ich langsam bergauf und erobere Gäßchen um Gäßchen. Ermüdend! Eine Frau und ein blinder Mann kommen mir entgegen. Sie haben eben die Kirche verlassen und sind vorübergegangen, während ich den Abstieg vom Hügel begann. Ich treffe sie wieder. Jetzt queren sie meinen Weg von links. Ich gehe weiter, begegne den beiden zum dritten Mal – der schönen Frau und dem Blinden. Sie gehen hinunter zum Fluß und verschwinden …

Das wäre etwa alles über Basel. Aber was verbirgt sich in diesem »alles«? Die Frage bringt mich noch heute an den Rand unruhiger metaphysischer Neugier. Warum hat die Rhetorik des Zufalls – nennen wir sie so! – eine Stadt dauerhafter in meinem Gedächtnis markiert als die aufbewahrten Zeichnungen und Fotos? Warum versetzte mich eine rhetorische Figur – Synekdoche, Antimetabole, Parabel – plötzlich auf eine andere Ebene des Stadtbegriffs, eine von urbanologischen Spekulationen nicht erreichbare Ebene? Hätte mir jemand gesagt, daß sich in jenem fernen Augenblick eines jener geflügelten platonischen Ideenbilder auf meinem Kopf niederließ, die nach Gutdünken kommen und gehen, hätte ich ihn wohl verständnislos angegafft. Setzen wir lieber die Reise fort.

In der nächsten Notiz, offenbar tags darauf, wieder ich an mich in der zweiten Person. Wieder eine Art Dialog, Monodialog, oder was?

Rheinabwärts im Zug. Das Abteil leer und kalt. Der Regen trommelt gegen die Fenster, und du blickst voraus, erinnerst dich, erwartest, notierst ein bißchen für alle Fälle. Du willst Friedrich Weinbrenner besuchen, nicht wahr?

Aber soweit ich mich entsinne, änderte ich plötzlich meinen Entschluß. Es goß noch immer wie aus Kübeln, also verschob ich den Besuch auf die Rückreise. Und so gelangte ich unvorhergesehen nach Köln. Der Dom – einsam, naß, schwarz – und seine ganze Umgebung aus halbrestaurierten Ruinen wirkten deprimierend. Wie hatte er das überstanden? Später hatte ich mehrmals Gelegenheit, darüber nachzudenken, warum die grazilen gotischen Kathedralen den Bombenteppichen eher trotzten als die massiven romanischen. Weil sie elastischer sind? Die Aufzeichnung weist jedoch nicht auf ästhetisch-statische Überlegungen hin, sondern läßt mich mit einem bedeutungslosen und heute ganz vergessenen Geschichtchen in das düstere Gesamtbild zurückkehren, dem ich offenbar um jeden Preis entschlüpfen wollte:

Nachdem ich eine unsichtbare Grenze und das verräucherte Bahnhofsportal passiert hatte, entdeckte ich in den unterirdischen Labyrinthen der Station den ersten Bewohner der Unterwelt. Es war ein armer und heruntergekommener Schuhputzer, so krumm, daß er, während er frenetisch einen Schuh wienerte, mit einem Taschenspiegel in der linken Hand das Gesicht des Kunden einfing, um von unten zu überprüfen, ob dieser zufrieden war.

In Köln also wie in Basel nur eine düstere Anekdote – wohl wieder eine Art Parabel. Doch tags darauf, nach einer fast durchwachten Nacht im Zug, wurde das Wetter etwas gnädiger, und ich gelangte gutgelaunt und unerwartet in die verlorenen, zauberhaften Landschaften der Kindheit ... Notiz über Arnheim:
Es war beileibe kein Fehler, diese Stadt aufzusuchen. Was für ein Kinderstädtchen! Wie aus dem Märchen. Von dem hohen schlanken, schönen Turm – der bei weitem nicht so finster ist wie die schwarzen, angekohlten Türme des Kölner Doms – erklingt zu jeder Stunde ein leicht zu singendes Liedchen. Soeben wieder. Die Kinder nehmen mit Recht an, daß das etwas ist, was ihnen gehört. Das Stimmengewirr wird lauter, und die Klänge fallen aus großer Höhe, wie aus den Wolken, auf das Städtchen herab.

Noch über Arnheim. Wahrscheinlich im Zug angefügt:
Einige sofort sichtbare angenehme Dissonanzen. Der sehr hohe Turm und die kleine Stadt. Das dichte Gewebe der Stadt und der spitzenzarte, durchsichtige Turm.

Eine seltsame Optik. Weder Arnheim noch vor allem Utrecht waren vor einem halben Jahrhundert so klein, daß man sie ohne Mühe ins Gepäck eines infantilen Reiseschilderers stopfen konnte. Dennoch sagt dieser nachdrücklich:
Auch hier werden all die Kommodenhäuschen vom Rathaus überragt – eine große Kredenz in einem vollgestopften Zimmer. Auch die Brücken gehören zur Einrichtung, aber aufklappbar. Man muß die Brücke zu- oder aufklappen (je nachdem), um über die Grachten zum Rathaus oder zur Tabernakel-Kirche zu gelangen.

Mit ihrem schwarzen, vergoldeten Turm erinnert sie sehr an eine altertümliche Standuhr; alles ist mit einem Blick zu erfassen: das ganze alte Utrecht wie eine Puppenstube, wie eine schöne, dezent beleuchtete Weihnachtskrippe ...

Am nächsten Tag wechselten plötzlich Bühnenbild und Dramaturgie. Ich streifte einige Tage durch die leeren, halbfertigen Betonfelder des künftigen Rotterdam. Denn ich blieb bei meiner Überzeugung, daß man eine Stadt, auch wenn sie erst entsteht, mit den eigenen Schritten durchmessen und lesen soll. Leider war die Lektüre zu ermüdend, selbst für einen leidenschaftlich neugierigen Fußgänger im besten Alter. Ich hatte aus dem Blick verloren, daß die damals schon weithin herrschende urbanistische Ideologie trotz ihrer menschenfreundlichen Tiraden den Fußgänger zu bloßem Zierat künftiger Städte herabwürdigte. Sie nahm ihm das Recht auf physische, sinnliche und unmittelbar geistige Kommunikation mit dem Stadtmilieu. Und gerade das betrachtete der Stadtmensch, seit Aristoteles' Zeiten der Spaziergänger und Peripatetiker, als sein unveräußerliches Recht.

Also schlich ich aus Prinzip, voller Selbstverleugnung und ein bißchen auch aus Trotz, über die riesig dimensionierten leeren Betonplätze, überquerte die Trassen künftiger städtischer Arterien, verlor mich unter den finsteren Schößen von Verkehrskreuzungen. Ich fühlte mich jedesmal unbehaglich, wenn sich der Himmel plötzlich bewölkte, wenn ich nicht mehr ausmachen konnte, wo Norden und Süden war, und wenn der letzte Ariadnefaden natürlicher, also sinnlicher Orientierung meinen Fingern entglitt. Dieses unangenehme Gefühl grenzte bisweilen an Panik. Im Namen der Zukunft, die nach

damaligen Vorstellungen klüger als die Vergangenheit und der Alltag sein mußte, versuchte ich dennoch, das ganze Panoptikum neuer, drohender Formen zu begreifen und zu rechtfertigen, die bereits von den Landschaften europäischer Städte in den nächsten Jahrzehnten kündeten. Von meinem unwillkürlichen Zögern, im Namen der Modernität auch das zu akzeptieren, was mir absolut nicht gefiel, zeugt eine einzige verdrossene Notiz:
Sag doch, klingt das nicht stolz – der Mensch als Punkt in einem kartesianischen Koordinatensystem!

Kurz darauf noch eine bissige, vielleicht auch ein wenig esoterische Chiffre:
Wie eine Fliege auf einem leeren Tablett!

Und dann die Lösung des Dramas:
Der Himmel spielt über diesem Land, Sonne und Wolken wechseln blitzschnell, die Plätze sind zu weit ... Du wartest auf die Sonne, gehst los – die Schleusen des Himmels öffnen sich: ein Regenguß! Du schleppst dich ans andere Ufer wie eine nasse Fliege – und da lacht die große Sonne wieder.

Wenn ich mich recht erinnere, bestürzte mich die neue, doppelte Dimension Rotterdams, das sich veränderte und erweiterte. Könnte man Städte einer Psychoanalyse unterziehen wie Menschen, käme wahrscheinlich heraus, daß die eine Dimension von dem Bedürfnis bestimmt war, symbolisch irgendwohin aufzubrechen, zu eilen, wegzugehen. Die andere hingegen schien von dem heimlichen Wunsch diktiert, stehenzubleiben, eine Atempause zu machen, zu sprechen. Viele Teile des noch unvollendeten, ufernahen Rotterdam waren mit ihren Docks

zu offen gegenüber etwas Unabsehbarem, den fernen Meeren und noch ferneren Himmeln. Am Ufer entstanden damals breite Verkehrsstraßen. Wenn sie tiefer in den Stadtkern vordrangen, verzweigten sich die modernen Avenuen immer mehr in den alten Straßen und Gassen. Dort summte und brummte ein anderes, nicht aus Beton erbautes Rotterdam. Die Menschen wimmelten und murmelten, versteckten sich in hübschen Winkeln und Häusern, die an gutmütige, abgewetzte dunkelrote Plüschsessel erinnerten. Davon, ob und wie ich die Botschaft entschlüsseln konnte (Semantik war noch nicht in Mode), zeugt ein weiterer knapper Befehl von Herrn B.B. an Herrn B.B.:
Setz dich, Bruder, ruh dich aus – nur keine Hast!

Und tatsächlich war der Wechsel von einem Teil der Stadt zum anderen stets eine Art Entspannung, ja Aufforderung zum Gespräch. Die folgende Notiz zeigt, daß in dieser anderen gesprächigen Stadthälfte selbst Sprachbarrieren nicht unüberwindbar waren.

Auf einem altertümlichen, glücklich vergessenen, winzigen Platz in Rotterdam nähern sich mir drei kleine Mädchen, und mit einem kaum angedeuteten Knicks stellt die eine sehr höflich eine Frage. Ich verstehe nicht, und sie merken, daß ich Ausländer bin. Es wäre indes unhöflich, mich jetzt stehenzulassen und jemand anders das zu fragen, was sie interessiert. Das Gespräch muß also irgendwie zu Ende gebracht werden. Sie sehen sich an, haben es eilig, eine zieht ein Stück Kreide aus der Schultasche und zeichnet hastig etwas auf den Asphalt. Eine Uhr! Also, wie spät ist es? Ich zeige meine Uhr, und sie rennen zufrieden weg, anscheinend kommen sie noch pünktlich an.

Nach ein paar Tagen in Rotterdam brach ich müde und verfroren nach Amsterdam auf. Und gleich ein Bericht:
Die Züge sind zu warm für diese Jahreszeit. Das macht schläfrig. Ich bemühe mich krampfhaft, nicht einzuschlafen. Wenn ich einschlafe, verpasse ich Amsterdam, dann bin ich im nächsten Augenblick am anderen Ende von Holland. Noch eine Besonderheit, die ich beachten muß: Das Land ist relativ klein, und die Züge sind sehr schnell!

Damals kannte ich Venedig flüchtig und Petersburg nur aus den Romanen von Dostojewski. Von Stockholm oder Helsinki, den Feenstädten am Wasser, hatte ich bloß abstrakte Vorstellungen, so viel, wie man aus Stadtplänen zusammenklauben kann. Ich wußte nicht, daß ich dreißig Jahre später auch ein, zwei erstaunliche kleine chinesische »Fluß-Venedigs« sehen würde. Meine Erfahrungen waren also spärlich. Dennoch war mir klar, daß Rotterdam – obwohl offen zum großen Wasser – nur eine Stadt neben dem Wasser war. Und dann Amsterdam, eine Stadt am Wasser und wahrhaftig auch im Wasser, knöcheltief! Das genügte, um mich gleich in meine Träumereien von einem damals noch möglichen Belgrad jenseits der Save zurückzuversetzen, einer Stadt an Kanälen, Schleusen und Fluß-Seen. Ich überließ mich meinen Phantasien umso leichter, als damals in meinem Belgrad das unglückselige »größte Castrum der Welt« noch nicht zu ahnen war. Das Zusammentreffen der Umstände regte mich zu exaltierten Aufzeichnungen an:
Amsterdam erscheint mir in dieser Nacht wie die unglaublichste Stadt der Welt. Mal erinnert es mich an Venedig, mal an das alte Petersburg, so, wie ich es mir vorstelle.

Etwa hundert Schritt weiter:

Eigentlich erinnert Amsterdam weder an Venedig noch an Petersburg, denn wie ich festgestellt habe, sind Städte am Wasser einander niemals gleich. Sie können einander nicht gleichen, denn sie kämpfen immer auf neue und andere Weise mit dem Wasser, gegen das Wasser, tauchen aus dem Wasser auf, beherrschen das Wasser, spielen mit dem Wasser oder plätschern darin. Das ist immer etwas ganz, ganz Eigenes.

Ein paar tausend Schritt später:

Amsterdam hat sich vielleicht ein bißchen von Venedig (das ihm imponiert haben muß) und Petersburg von Amsterdam inspirieren lassen. Da mag es Ähnlichkeiten geben. Doch das sind keine echten Inspirationen, besser würde man Ermutigungen sagen. Venedig hat Amsterdam und Amsterdam Petersburg ermutigt, sich am Wasser anzusiedeln.

Noch 50 000 Schritt weiter. Völlig erschöpft:

Überflüssig zu sagen, daß sich Amsterdam nicht vom Wasser trennen kann. Das versteht sich von selbst. Das Wasser ist unter den Füßen, der Mensch geht darüber hinweg, er muß es umgehen, er bemüht sich, möglichst schnell ans Wasser zu kommen, er orientiert sich nach dem Wasser ... Gelangt er nicht binnen Minuten ans Wasser, gerät er ins Geflecht der Gassen, die zwar in unmittelbarer Nähe der Kanäle, jedoch nicht an den Kanälen sind – dann wird er unruhig: Wo ist das Wasser? Wo ist die Stadt, die sich im Wasser spiegelt? Wo bin ich in dieser Stadt? Dafür erlaubt ein Blick auf die Karte, die eigene Position in einer Art polarem Koordinatensystem zu bestimmen (nein, kein kartesianisches – eine ganz andere Geschichte). Es genügt zu zählen, wie oft man Brücken überquert hat, und auf einem Straßenschild zu lesen, ob man sich in der östlichen oder westlichen, der linken oder rechten Hälfte der Stadt befindet, und dann läßt sich mit der Bleistiftspitze unfehlbar genau der Ort notieren, den man erreicht hat. Aber man wird äußerst unruhig, sobald der magische Algorithmus Stadt, Wasser und ich irgendwie durcheinandergerät.

Dieses unbestimmte Ich könnte jenes berühmte Freudsche Ich sein, dasselbe, das mir die Idee eingepflanzt hat, daß man eine echte Stadt nur durch ausdauerndes Gehen erforschen kann. Doch es gibt ein serbisches Sprichwort, das besagt: Wehe den Beinen unter einem närrischen Kopf! Damals legte ich diese Redewendung vielleicht umgekehrt aus: Glücklich ein närrischer Kopf auf ausdauernden Beinen.

Die kleinen Hexen

Heute erinnere ich mich an meine vor langer Zeit notierten Amsterdamer Erlebnisse. Allerdings etwas flüchtig. Interessant und ganz unerklärlich ist, daß ich das eindrucksvollste Ereignis, ein kleines städtisches Passionsspiel, nicht aufgezeichnet habe, mir jedoch ohne Mühe ins Gedächtnis rufen kann.

Es war nicht kalt. Die Oktobernacht war von lauer Meeresfeuchtigkeit getränkt. Vielleicht ist gerade durch diesen klimatischen Umstand der ungewöhnliche Inhalt und der ein wenig närrische Ton der Vorstellung zu deuten. Am Kanalufer, vor schmalen und hohen Lagerhäusern, auf einer zweirädrigen Karre stapelt sich eine beträchtliche Menge Pakete, die wohl tags darauf mit einer Winde in ein Magazin verfrachtet werden sollen. Zehn

Minuten später kehre ich auf demselben Weg zurück. Obwohl längst Schlafenszeit ist, umringen mehrere kleine Mädchen die Karre, halten sich bei den Händen und beginnen zu tanzen. Dabei singen sie ein Feen- oder vielleicht Hexenliedchen, etwas wie: Ene mene – hopp/ Ene mene – plopp/Ene mene – hopp. Ich gehe vorbei, bleibe stehen, setze meinen Weg fort. Ein paar Minuten später sehe ich vom anderen Kanalufer zu und warte auf das Ende des Spiels. Der Tanz der kleinen Hexen wird immer wilder, um sie herum haben sich bereits Gaffer und ihre Begleiterinnen gesammelt. Sie klatschen mit den Händen den Takt und singen selbst: Ene mene – hopp/Ene mene – plopp. In einem Augenblick der Ekstase unterbricht eines der Mädchen den Reigen, ergreift mit theatralischer Geste ein Paket, hebt es feierlich über den Kopf und wirft es ins Wasser: Ene mene – platsch. Die heitere Menge – jetzt geht es schon um eine Menge – fällt ein: Ene mene – platsch/Ene mene – platsch/Ene mene – platsch. Und die kleinen Hexen schicken abwechselnd, immer im Kreis herum, langsam und sehr feierlich Paket um Paket auf den Grund des Kanals. Unter stürmischem Applaus leert sich die Karre. Ich habe keine Ahnung, was in den Paketen gewesen ist. Wahrscheinlich nichts besonders Wertvolles, und noch dazu gut versichert. Ich kann auch nicht erklären, was dieses nächtliche Spiel für die Amsterdamer bedeutete und warum sie es derart genossen. Es ist auch nicht so wichtig. Wichtiger ist, daß solche kleinen, oft absurden Vorkommnisse das verborgene Wesen einer Stadt bisweilen eindrucksvoller illustrieren als die prachtvollsten Bauwerke. Hunderte, Tausende, Myriaden ähnlicher subjektiver Entdeckungen sammeln sich schließlich, verbinden sich und verwandeln sich in die abstrakten Ideen, die wir von einer Stadt, ihrem Charakter, ihrer Persönlichkeit haben.

Und so wurde der Vorfall mit den Amsterdamer Hexen zu einer Schlüsselanekdote. Einer eidetischen Anekdote, würden die Platoniker sagen. Ebenso wie die spontane Parabel von der schönen Frau und dem Mann, der ihre Schönheit nicht sehen kann, Basel kennzeichnete. Oder wie sich der bucklige Schuhputzer mit dem Taschenspiegel in der Hand für immer mit dem Bild des zerstörten Köln verband. Oder wie der Vorfall mit den drei lustigen Grazien Neu-Rotterdam interpretierte, und das in dem Augenblick, als es geboren wurde. Ohne dieses Zwischenspiel wäre mir Rotterdam vermutlich nur als leerer Alptraum im Gedächtnis geblieben. Soweit man ein so absurdes Wortspiel überhaupt akzeptieren kann, denn Alpträume sind selten leer.

Wenn ich heute zurückschaue, scheint mir, daß ich vor allem dank der zufälligen Begegnungen mit Menschen Städte gesehen habe. Alles andere war nur ein szenischer Rahmen, der mir half, den Menschen im Stadtraum besser zu erkennen und zu beobachten. Daß das Bühnenbild bisweilen bewundernswert, ja berauschend war, kann man als wichtigen Beitrag zur Vorstellung betrachten. Aber nur so weit, um nicht zu vergessen: ohne Schauspieler keine Aufführung!

Über zerstörte Städte, einen verstorbenen Freund, über die Alchimie der Architektur und die Architektur der Alchimie

Auf der Rückreise rheinaufwärts, wieder im kalten Abteil, wünschte ich mir ungeduldig, möglichst bald Karlsruhe zu durchstreifen und vorher vielleicht auch Mannheim ein wenig durchzublättern. Ein paar Jahre vor dieser Wanderung war ich in einer alten Passagiermaschine über die beiden Städte geflogen. Ich reiste zu einem von der Europäischen Architektenunion organisierten Studentenkongreß. Angehende Baumeister waren im halbzerstörten Europa sehr gefragt – das klingt heute wie ein Märchen. Damals flogen langsame Flugzeuge ungehindert über städtische Territorien und ihre Zentren. So konnte ich Karlsruhe und Mannheim von oben betrachten – diese beiden Lehrbeispiele für den »idealen Urbanismus« im 17. und 18. Jahrhundert.

Jetzt, bei der Rückkehr aus Holland, wollte ich jedoch beide Fälle aus der Ameisenperspektive untersuchen: das kartesianische rechteckige System des alten Mannheim mit den Monsterbauten des neuen Rotterdam und das polare Koordinatensystem Karlsruhes mit dem halbrunden und dennoch ebenso polaren Schema Amsterdams vergleichen. Vielleicht hatte ich auch die heimliche Absicht, die psychologische Wirkung beider Matrizen an mir selbst zu erproben. In den rechtwinkeligen Betongefilden von Neu-Rotterdam war ich mir vorgekommen wie eine kopflose Fliege. Oder noch verrückter – wie eine Maus auf einem Billardtisch. In den Amsterdamer Straßen und Gassen hingegen fühlte ich mich wie ein zufriedener holländischer Kater, Stromer und Philosoph, der über die sanft geschwungenen Trajektorien der Simse schlendert und geruhsam die Stadt und die ganze restliche Welt beobachtet.

Offenbar hatte mich der Gedanke an mögliche geheimnisvolle Einflüsse der Geometrie und Meta-Geometrie auf menschliche Sinne, Emotionen und Stimmungen gepackt. Das Problem klang ziemlich wissenschaftlich, und ich mußte ohnehin einen Reisebericht für den Fakultätsrat schreiben. Aber kaum war ich zu den Anfangsprämissen der Gestalt- beziehungsweise Verhaltenspsychologie gelangt (beide waren noch groß in Mode), fiel ich in den Schlaf des frierenden Gerechten. Auf dem Mannheimer Bahnhof aß ich um Mitternacht eine Kleinigkeit im Stehen, wartete auf einen schnelleren und wärmeren Zug und fuhr weiter nach Karlsruhe. Der Regen rieselte, und ich verlor jede Lust an weiteren raumpsychologischen Spekulationen.

Zwar hatte ich mir vorgenommen zu überprüfen, wie ich mich im kreis- und strahlenförmigen Netz der Straßen und Parkwege von Karlsruhe fühlen würde, doch es gab auch den schon erwähnten Hauptgrund für einen längeren Aufenthalt in dieser Stadt. Ich wollte meinen alten Freund Friedrich Weinbrenner besuchen. Schon seit den Vorkriegstagen wünschte ich mir, seine Bauwerke und Plätze zu sehen, abzuschreiten, zu berühren, nur um mich zu vergewissern, ob ich wirklich gefunden hatte, was ich suchte. Ich war aufgeregt und begann schon morgens im Zug, vor lauter Ungeduld einen kleinen Essay über meinen verehrten Kollegen zu entwerfen. An Ort und Stelle vermischte ich dann meine morgendlichen Entwürfe mit authentischen Reisenotizen, und den ganzen Cocktail veröffentlichte ich einige Jahre später in einer Belgrader Literaturzeitschrift. Ich würde mich an meinem Freund und auch an mir selbst versündigen, wollte ich nicht ein paar Fragmente zitieren.

Weinbrenner ist einer von drei großen Meistern des deutschen romantischen Klassizismus. Nein, das ist kein Widerspruch: »romantischer Klassizismus« – genau so! Im Süden, in Italien, Spanien und auch Frankreich war das mittelalterliche gotische Bilderbuch die Obsession der romantischen Architekten. Im Norden wiederum waren die romantischen Träumereien neoklassisch ... Jeder suchte seine Träume irgendwo jenseits der vom Schicksal zugemessenen Rahmen. Übrigens galt das romantische Prinzip – sich selbst woanders zu suchen – auch für zwei andere Helden der Architektur, Friedrich Gilly und Karl Friedrich Schinkel.

Und offensichtlich für den Verfasser dieser Reisenotizen, jedenfalls nach dem zu schließen, was folgte:

Gilly, das war jener junge Meister, dessen Zeichnungen bis heute in unserer Berufsbruderschaft gottesfürchtige Bewunderung erregen. Dieser Junge hat keines seiner Bauwerke je gesehen, aber er hat den noch jüngeren Schinkel in die Zauberwelt der Architektur eingeführt … Schinkel war in bezug auf Temperament und Schicksal ganz anders: ein Würdenträger seiner Kunst, berühmt und gefeiert, an allen damaligen deutschen Höfen ein gern gesehener Gast … Weinbrenner hingegen ein Träumer aus dem Abseits, von der Galerie …

Und dann, fast schlaftrunken:

Weinbrenners Architektur ist nicht sehr raffiniert. Weniger konzis und klar als die Schinkels und dennoch ebenso streng, so daß die Strenge ihr Makel geblieben ist. Aber nach den Zeichnungen zu schließen – und sie waren jenen von Gilly weit unterlegen – war etwas Faszinierendes in seinen Ideen. Denn wäre es ihm gelungen, Karlsruhe nach seinen Absichten zu gestalten, wäre es heute eine Phantomstadt an den Ufern des Rheins. Eine Art Selinunt oder Syrakus oder sogar Baalbek, aber so, wie sich die Architekten jener Zeit diese Städte nach den unzuverlässigen archäologischen Atlanten vorstellen konnten. Eine Stadt voller mediterraner Portiken und Kolonnaden, und hier und da eine Renaissance-Kuppel. Man hätte zwar nicht mit weichem weißem Marmor gebaut, sondern mit dem rötlichen Stein des Rheingebiets, und wenn der zur Neige gegangen wäre, hätte man sich mit Ziegeln, Mörtel und Stuck beholfen.

Plötzlich sind es Notizen an Ort und Stelle, und die fiktive Reisebeschreibung wird authentisch:

Deine Schuhe lassen Wasser durch, du hättest Grund,

mißlaunig zu sein, vielleicht bist du es auch – aber du beschließt, ruhig und heiter zu sein. Schließlich bist du hier zu Gast.

Zweifellos war ich zu Gast. Aber war ich auch ruhig und heiter?

Vor allem ist es hier sehr kalt. Man geht in ein Geschäft und fragt die Verkäuferin so nebenher, ob es hier zu dieser Jahreszeit immer so ist, und sie lächelt: »Natürlich, wir sind ja nicht in Italien!«

Kaum hundert Meter weiter, wenn ich mich recht erinnere, zum selben Thema:

Auch Weinbrenner muß hier oft gefroren haben. Das ist der erste Gedanke bei den ersten Schritten in seiner Stadt. War nicht auch sein romantisierter Klassizismus so ein magischer Wunsch, mit Kuppeln und Portiken ein wenig südliche Sonne herbeizulocken, damit man glauben konnte, doch in Italien zu sein … Übrigens, obwohl dies Weinbrenners Stadt ist, ahne ich, daß man sich hier nicht viel um ihn schert. Soll ich mir den Spaß machen und die Kellnerin in diesem kleinen Restaurant fragen, ob sie ihn kennt? … Natürlich habe ich nicht gefragt.

Es folgen weitere Notizen, vermutlich in Abständen von ein bis zwei Stunden angefertigt, aber auch der Beginn der tragischen Lösung:

Jetzt bin ich schon total enttäuscht. Du bereitest dich jahrelang darauf vor, herzukommen und jemanden zu sehen, und dabei vergißt du zu überprüfen, ob derjenige noch lebt und existiert. Der alte Teil der Stadt wurde bombardiert, und hätte ich mich erkundigt, hätte ich gewußt, daß ich von Weinbrenners Bauwerken fast nichts mehr sehen würde. Zwar kann ich auch in den Trümmern Spuren von des Meisters Hand erkennen – aber lohnte es, deshalb herzukommen? Ich kann sogar das eine oder andere seiner einstigen Gebäude berühren, die mir vorkommen wie menschliche Ruinen, wie zerstochene, verwüstete Menschen. Aus den unkrautbewachsenen Grashügeln, den Mauerstümpfen ohne Sinn und Leben ragt dunkelroter nasser Stein ... blutfarbener Stein.

Und dann der Höhepunkt:
Eben habe ich versucht, mich vor dem Regen unter einen Weinbrennerschen Portikus zu flüchten. Die hohe und monumentale Konstruktion hat in diesem Regen alle Heiterkeit verloren, die sie vielleicht einmal besaß. Sie sieht düster aus. Dieser Portikus lehnt sich überhaupt nicht mehr an ein Gebäude, er steht allein wie ein Kopf ohne Körper. Dahinter ist eine Grube voller Schutt – ein Bombennest!

Schließlich der Abstieg in die Unterwelt ... wie in Köln:
Ich gehe weiter. Auf dem zentralen Platz müssen sich zwei Türme gegenüberstehen. Dieser Platz, die Straße, die zu ihm führt, alle Gebäude in dieser Straße waren ein bedeutender Schritt in Weinbrenners Stadtbaukunst. Aber jetzt ist all das zerbrochen, zertrümmert, buchstäblich fragmentiert. Ob es tragisch ist, kann ich in diesem Augenblick nicht beurteilen, aber quälend ist es so wie jener Portikus. So hoch und so leer, so sinnlos, daß ich unter ihm nasser wurde, als wäre ich draußen geblieben ... Ja, da sind die Türme! Auch sie sind halbzerstört, haben aber ein wenig von ihrer etwas plumpen Stattlichkeit bewahrt. Sogar derart von Teufelszähnen benagt, ragen sie steil und entschlossen in die Höhe, als wollten

sie Furcht einflößen ... Bin ich wieder in einer unterirdischen Welt?

Karlsruhe, die kreisförmige Stadt! Aus Weinbrenners südlicher Hälfte wechselte ich in die nördliche. Streunte durch den verwilderten waldesdichten Park. Meine Füße wurden noch nasser, wenn das überhaupt möglich war, und dann umkreiste ich die Schloßruine. Die hier und da hochgezogenen Gerüste glichen eher Werkzeugen zur Abnahme einer Totenmaske als Vorboten einer Neugeburt. Endlich zeigte sich vorsichtig die Abendsonne, und in ihren letzten Strahlen rötete sich der versehrte Palast, als wäre er zum Leben erwacht. Ich befand mich wieder in der Südhälfte des Kreises zwischen dem Schloß und Weinbrenners einstigem bürgerlichem Stadtplatz aus Biedermeierzeiten. Ruhiger als bei der ersten morgendlichen Begegnung betrachtete ich, was der »amerikanische Teppich« hinterlassen hatte. Die sogenannte Lange Straße – in älteren Atlanten auch als Kaiserstraße bezeichnet – war in ihrem frühen Nachkriegszustand nur eine hastig zusammengenagelte, ebenerdige Shopping Street für Cowboys.

Weinbrenner stellte sich diese lange Straße gesäumt von schlanken Arkaden vor. Ich erinnere mich an eine seiner Zeichnungen: Endlose Reihen unwirklich grazilier Säulen zogen sich wie bei Palladio durch zwei oder vielleicht drei Stockwerke. Sie waren gekrönt von leichten, einfachen Bögen (oder Gewölben – das war nicht genau zu erkennen), aber ohne jeden Schmuck, sogar ohne Archivolten. Diese Zeichnung liebte ich sehr, und sie hat mich eigentlich hergeführt. Die Szene leer, ohne eine Spur von Leben wie im Mondlicht: tiefe, schwarze, mitternächtliche Schatten wie auf vielen anderen geschicktungeschickten architektonischen Darstellungen. Aber lohnt es, irgendwem noch etwas über diese Zeichnung, den Zeichner, das Gezeichnete zu erzählen?

Ruhe in Frieden, mein Zunftbruder – ich werde nicht mehr von dir träumen, denn es gibt dich nicht, und ich werde höchstwahrscheinlich nie wieder in deine Stadt kommen. Mein ganzes Leben lang war mir nicht so kalt und so traurig zumute wie heute.

Heute ist mein Freund mit all seinem Ruhm dort zu Hause, wo es ihn vor einem halben Jahrhundert nicht gab, und ich werde natürlich seine Stadt besuchen, und zwar in einem schöneren Monat als beim ersten Aufenthalt und jedenfalls mit besserem und wasserdichtem Schuhwerk.

Im Zug schlief ich ein paar Stunden, dann rekapitulierte ich den Vortag. Der große Kreis um das Schloß und der alte hauptstädtische Kern konnten vom Boden aus nur in sanft geschwungenen Segmenten gelesen werden. Man mußte ihn geduldig, Schritt für Schritt, abgehen. Das tat ich und hielt mich konsequent an meine Johnnie-Walker-Methode. Ich wanderte den ganzen Kreis ab, wobei ich vorsichtig die Pfützen im beschädigten Asphalt mied. Ich begriff, daß die auf den ersten Blick ganz banale Umfangstraße eine abstrakte Schutzmarke der städtischen Identität war, dauerhafter als Denkmäler aus Stein oder Bronze. Es geschah etwas dem berühmten Schicksal Peter Schlemihls Entgegengesetztes: Der Held war verschwunden, und geblieben war sein blasser, doch unzerstörbarer Schatten.

Der Zufall und das Schicksal wollten, daß ich die Stadt mit der Form einer großen lachenden Sonne, die ihre Strahlen nach allen Seiten ausschickt, in düsterer Stimmung umrundete. Dennoch versuchte ich mir das Leben der kleinen Residenzstadt unter früheren und fröhlicheren Umständen vorzustellen. Ich frage mich zum Beispiel, wo sich der ideale Nullpunkt befinden könnte, in dem die Achsen aller Straßen und Parkalleen optisch zusammenliefen. Sicherlich im Schloß, in einem seiner Säle oder eher noch in dem zentralen aufragenden Korpus, der schon auf den ersten Blick wie ein Ausguck wirkte, was bei einem Jagdschloß nicht ungewöhnlich gewesen wäre. Aber ich kam nicht dahinter, was ein müßiger Betrachter empfinden mochte, wenn sein Blick in die Tiefe aller zwanzig Waldrichtungen oder auf der anderen Seite in alle elf Stadtstraßen vordrang, und das auf einmal! Wahrscheinlich war ich sehr müde, denn die nächste Notiz verrät einen etwas schläfrigen absurden Humor:

> Bequem in seine Bergère hingegossen, konnte der Markgraf von Baden-Durlach ohne Schwierigkeiten beobachten, wer mit wem in den Parkalleen Blindekuh spielte, und ebenso – dank der Kunst seiner Pioniere –, was sich auf der anderen Seite seines Gesichtskreises in der Garnison abspielte. Er konnte mit dem Blick durch alle Straßen seiner Sommerresidenz spazieren und sofort feststellen, welcher seiner Offiziere leicht schwankend zu Hause eintraf und welcher unterwegs mit Modistinnen und Verkäuferinnen anbandelte. Manchmal wußte seine fürstliche Hoheit eher als alle anderen, was ein Offizier im Schoß der eigenen Familie vorfinden würde …

Dann schlief ich vermutlich ganz ein und träumte etwas, was mir seltsamerweise noch immer gegenwärtig ist. Ich sah klarer den verehrten Markgrafen, wie er seinen Geodäsie-Offizieren erklärte, was für eine Stadt er sich wünschte. Nein, er machte keine Zeichnung! Er schlug einfach ein größeres Gänseei über einem Silbertablett auf, hielt dieses über eine Handvoll brennender Kerzen und briet sein Ei. Dann teilte er es mit einem Messer in zwei gleiche Hälften und äußerte den Wunsch, man möge ihm so eine Stadt bauen. Worauf er, der selbst pausbäckig war wie eine Sonne, seine Sonnen-Stadt genüßlich verspeiste. Und fertig war die Geschichte. Ich erwachte, stellte fest, daß ich Hunger hatte, wohl ein Zeichen, die Fahrt zu unterbrechen.

Ein, zwei, drei Tage später. In Salzburg traf ich kurz vor Mitternacht ein. Es erschien mir sinnlos, nach einer Übernachtungsmöglichkeit zu suchen, also zog ich mich zurück und gab mich meinen Aufzeichnungen hin. Anfangs waren sie karg und abgehackt, um sich dann von selbst zu einer Synopsis zu verbinden.

Bahnhofsrestaurants zwischen Mitternacht und Morgen ... Ausgestoßene, Verdächtige, Vergessene. Einsame ... Invaliden und Psychopathen. Aus dem Krieg übriggeblieben ... Einer deklamiert über Tuberkulose, ist jedoch nicht zu verstehen ... Einem fehlt ein Arm ...

Dann etwas konsistenter:

Ein amerikanischer Deserteur. Kleidung, wie nur Deserteure sie auftreiben. Als wäre sie ihnen aus Bosheit untergeschoben worden. Typische Zivilkleidung für Deserteure! Die MP – Military Police – muß nicht viel tun, wenn sie in den Saal kommt. Daß sie da ist, merkt man daran, daß alle verstummen. Auch der mit der Tuberkulose. Ich weiß, was Armeen sind, aber dies ist eine besondere Sorte. Wenn sie den Saal betritt, provoziert sie derjenige, der Schläge bekommen soll, sagen wir der Zivilist, durch seine Verlegenheit, ihn zu packen und zu verprügeln, was ihm wohl am Ende immer zuteil wird.

Weiter, wahrscheinlich nach kurzem Schlummer:
In europäischen Bahnhofsrestaurants finden sich auch Schläfer aller Kategorien. Und was für leidenschaftliche Schläfer. Einer, der plötzlich erwacht, fängt sofort zu singen an und wird zum Schweigen gebracht. Ein anderer, verdächtigerer, der offenbar nicht zu den sympathischen Schläfern gehört, sich nur schlafend stellt und hin und wieder reckt ... Und schließlich die Vortragskünstler, auf den ersten Blick ganz anständig, aber verbraucht vom vielen Reden. Sie suchen sich zu später Stunde ihre Opfer, um sie aufzuklären und zu quälen. Sie schwätzen über alles. Über Feldmarschall Paulus, über Torquemada, über Feuerbestattung, über Tuberkulose, wie schon gesagt. Besonders viel über Frauen, das heißt über die Frau im allgemeinen. Sie finden ihre verlorene Größe wieder, wenn sie anderen erklären, daß sie wegen der Frauen zugrundegegangen sind. Nicht daß auch die Frauen manchmal unschuldig sind, aber wer hört auf sie? Niemand. Ihre Stimme ist nur ewige Anwesenheit der wenn auch entstellten Natur, die Offenbarung des Zyklus Frau-Mann, und das in der Position, wo der Mann schließlich am Boden liegt.

Irgendwann weit nach Mitternacht:
Im allgemeinen wird nicht politisiert, denn das ist nicht die Sache der Deklassierten und Geisteskranken. Sie räsonieren: Unsere Aufgabe ist es, ruhig zu sein. Und sie sind ruhig.

Schließlich am frühen Morgen etwas wie ein Finale:
Eine Kuppelszene. Hauptperson: Eine dürre Frau, aber so vollbusig, daß es bei ihrer Magerkeit fast undenkbar scheint. Perücke. Die Neben-, vielleicht auch Hauptrolle:

eine Kleine, schon so durchtrieben, daß sie beim Eintritt ins Restaurant stolpert. Will sagen: Sie ist unsicher. Will sagen: Draußen ist es kalt. Will sagen: von der Stiefmutter aus dem Haus gejagt. Will sagen: kein Geld für eine Fahrkarte. Mir entging jedoch nicht, daß ihr der Kellner in Richtung meines Tisches zuzwinkerte. Das Mißverständnis lag wohl daran, daß ich in meiner Müdigkeit zuviel Trinkgeld gegeben hatte. Jetzt will sich das kleine Mädchen an meinen Tisch setzen. Sie steht stumm da, fragt mit dem Blick, ob sie überhaupt fragen darf. Ich zeige mit der Hand auf den unbesetzten Nebentisch. Sie lächelt maliziös und geht zu der Dürren. Beide unterhalten sich wie alte Bekannte.

Unerwartet am Ende der Reise mein schon vergessener Monodialog:
Hast du den Eindruck, daß sie musikalisch ist? Die kleine Bastienne aus Mozarts Kinderoper, geschaffen für die Liebe mit Gleichaltrigen? Pastoralstil?

Nach einem Monat des Umherschweifens war ich am Rand meiner Kräfte. Salzburg hatte ich mir für den Schluß aufgehoben, sozusagen als Leckerbissen. Ich rechnete darauf, daß ich mich ruhig dem Zauber des »unverbindlichen Schauens« überlassen und mich auf die Rückkehr in das kalte, verrauchte Belgrad vorbereiten würde. Doch war es wohl nichts mit dem Zauber, jedenfalls nach einer unklaren und fast beunruhigenden Notiz zu schließen:
Vor dem Dom und ringsum. Ein dreigeteilter Platz, ein Kleeblatt. Ich ging die drei Blätter im Uhrzeigersinn ab. Dieses Ritual schien schon längst in die architektonische Idee des Platzes eingerechnet ... Ein alchimistisches

Diagramm, stelle ich bewundernd fest. Die Alchimie des Raums, ergänze ich und überlege lange, was das eigentlich bedeuten könnte.

Über die Stadt zwischen Himmel und Erde

Ein knappes Jahr nach den legendären Streifzügen von Basel nach Amsterdam, von Amsterdam nach Karlsruhe, Salzburg und so weiter, stand ich vor der Fassade der Karlskirche in Wien. Es lohnt, daran zu erinnern, daß der junge Herr in äußerst proletarisiertem, um nicht zu sagen abgerissenem Zustand nach Wien kam: gekleidet an der unteren Grenze elementaren Anstands. Deshalb wohl beschloß er, nach dem Salzburger Fischer von Erlach seinen ersten Besuch bei dem Wiener Fischer von Erlach genau um Mitternacht abzustatten. Als würde der große Meister und unantastbare Hohepriester unserer Zunft ihn, den armen Lehrling ohne Gesellenprüfung, neugierig anstarren – und nicht umgekehrt!

Jedenfalls war diese nächtliche Begegnung etwas, das ich sehr genau in Erinnerung behalten habe. Die spärlich beleuchtete Masse des ansonsten stark gegliederten Bauwerks tauchte aus dem Septemberdunst (»die Farbe der Nacht« – Novalis), nach und nach, in Teilen, in Phasen und verwandelte sich allmählich in das anatomisch zerlegte Diorama einer nie gesehenen, fernen Stadt jenseits des Nachtdunkels. Diese »Gruppenform« (der heutige Ausdruck existierte noch nicht) sah aus, als wäre sie aus sehr markanten, mir bis dato unbekannten Buchstaben zusammengesetzt. Sie schienen aus einem unterirdischen, in einer fremden Sprache und zu unbekannten Zwecken geschriebenen Manuskript zu stammen ... Das waren meine offensichtlich obsessiven, überbetonten, um nicht zu sagen überreizten Assoziationen. Und sie wurden unterstützt von einer romantischen Metalinguistik und der festen Überzeugung, daß eine universelle Sprache aus geheimnisvollen Zeichen existieren muß, eine Ursprache der Nacht, die das Unbeschreibliche beschreiben und das Unerklärliche erklären kann.

Es stellte sich heraus, daß mein erster Versuch, das barocke Manuskript der Karlskirche zu lesen, auf einem süßen Irrtum der Romantik beruhte. Noch vor Champollions Entzifferung der Hieroglyphenschrift nämlich überbauten die verwöhnten und etwas verrückten Kinder der nächtlichen Phantasie – zu vergleichen mit den euro-amerikanischen Hippies und Blumenkindern – den vermuteten Sinn vieler verborgener Dinge nach eigenem Gutdünken. Sie fanden ihn in nur ihnen bekannten Systemen geheimnisvoller Zusammenhänge und suchten dabei nach sehr weitreichenden Botschaften. Hieroglyphen gab es seit jeher im Überfluß, so wie auch heute überall um uns herum und in uns selbst. Die Welt war also schon immer von den übermütigen »kartesianischen Teufelchen« besiedelt, und ihre materielle Spur, ihre »Chiffreschrift« befindet sich nicht nur auf dem ägyptischen Granit, Gabbro, Diorit oder Basalt, sondern auch in alltäglichen Erscheinungen und Ereignissen, in den Menschen, in ihren Reaktionen, Gesten und Träumen.

Das waren die Irrtümer, aber auch unerwarteten Entdeckungen falschen Lesens. Übrigens gab es diese seltsame Kunst lange vor der Romantik, so wie es sie wahrscheinlich noch heute gibt. Und zu der Zeit, als der begabte junge Johann Bernhard Fischer in Rom weilte (1670/71; 1674), konnte er einiges über diese geheimnisvolle Disziplin lernen. Und zwar aus erster Hand. Er hatte nämlich die Ehre, in den Cercle des berühmten Polyhistors Athanasius Kircher († 1680) aufgenommen zu werden, und dieser große Lehrer vermochte die Welt der Hieroglyphen so originell wie fehlerhaft zu lesen und auszulegen, doch er tat es – warum das nicht eingestehen? – weit interessanter und vielleicht auch weiser, als es die korrekte Entzifferung zuließ.

Allerdings bleibt eine heikle Frage. Hat nicht der schon oft erwähnte damalige Herr B.B. dem heutigen und hiesigen den bösen Floh ins Ohr gesetzt, daß die erstaunlichen Formen von Fischers Bauwerk, wie er sie im Dunkel oder Halbdunkel erblickte, an eine Stadt erinnern? Der Teufel mag wissen, was für eine, aber mit geheimnisvollen schwarzen Buchstaben an den etwas anders getönten Himmel geschrieben. Es wäre ziemlich ungeschickt, wollte ich diese trügerische und einigermaßen platonische Bild-Idee heute hastig erklären und rechtfertigen. Noch dazu mit Hilfe meiner damaligen, schon halb verlorenen und dubios veralteten Sprachmerkmale ... Deshalb werde ich aufs äußerste vereinfachen. Sagen wir, daß es nur um eine Ermüdung der Augen ging, eine vom angespannten Starren ins Dunkel hervorgerufene Illusion.

Aber selbst wenn es sich wirklich um ein Phantasma handelt, muß man daran erinnern, daß es zu der Zeit viele gesunde Gründe für ungesunde Visionen gab. In den fiebrigen fünfziger Jahren lebten wir in einer böse geteilten Welt. Das Ende des Jahrhunderts und des Millenniums war noch sehr fern. Dennoch war im unruhigen Geist der Epoche etwas Millenniares. Apokalyptische Prognosen gab es in Literatur und Paraliteratur, es gab serienweise Horrorfilme zum Thema Weltuntergang (natürlich auf atomarer Basis), und der Weltuntergang beginnt nach den uralten Regeln menschlicher Phantasie immer mit dem Untergang der Stadt. Übrigens war das nicht die einzige Bedrohung. Es gab noch andere, die den Verkäufern der Angst vielleicht nicht erschreckend genug erschienen. Eine eigenartige böse Ahnung waren auch die Städte an sich, die Mega-Städte, die mythischen Monster-Städte. Sie begannen schon damals die Natur und sich selbst zu fressen, um weiter unaufhaltsam zu wachsen. Schon damals konnte man diesen Teufelskreis als leise und sehr verlängerte, aber nicht weniger unheilvolle Perspektive begreifen.

Hatten mich solche oder ähnliche gar nicht romantischen Überlegungen inmitten meines romantischen Fiebers in Freuds Stadt geführt? Hatte mich eine unbewußte, oder besser gesagt unterirdische Angst vor einen mächtigen und pathetischen Anblick gesetzt? Noch dazu in kaum erhellter Nachkriegsdunkelheit? Reiste ich bereits in meiner Phantasie einer unbekannten oder längst vergessenen, archetypischen (C. G. Jung kannte ich damals noch nicht richtig) Stadt der großen und ewigen ermutigenden Weisheit entgegen? Leider war so eine Kosmopolis, eine solche antike Altstadt der Vernunft und Toleranz so erschreckend fern von der wirklichen Realität der damaligen (und heutigen) Zeit, daß mir jede weitere Überlegung in diese Richtung vergeblich erschien.

Nach der ersten mitternächtlichen Begegnung mit Fischers philosophischem Bauwerk war ich öfter in Wien und fand jedesmal Gelegenheit, vor dem verlockenden Anblick zu stehen oder später zu sitzen. Und natürlich zu überprüfen, ob die Wiener Winde nicht meine Stadt aus Finsternis und Nebel nach allen Seiten verstreut hatten. In der Zwischenzeit floß alles weiter wie Heraklits harmloser dialektischer Bach. Ich weiß, daß es lächerlich ist, ein halbes Jahrhundert als Zwischenzeit zu bezeichnen, aber wie anders soll man einen riesigen und zugleich bedeutungslosen Abstand in der Zeit hinter sich zuschütten?

So oder so, alles floß, murmelte, änderte sich, Städte änderten sich und auch die Umgebung der Karlskirche. Anfangs war das eine imposante, teils asphaltierte, teils geschotterte leere Fläche, etwa wie der Prato della Valle in Padua. Später wandelte sich der Raum vor der Kirche allmählich zu einer Bühne unter freiem Himmel. Alle Blicke richteten sich über ein großes rundes Bassin auf den mittleren Korpus, wobei man die Fassade der Kirche, ihre traditionelle »Schauseite« immer besser als *scenae frons*, als Szenenwand im antiken Theater auffassen konnte. Sie stellt in der Regel eine Paraphrase des Stadtbildes dar. Fischers Stadt-zwischen-Himmel-und-Erde kam so auf den Boden herab und in die prachtvolle Beleuchtung einer diesseitigen und neuzeitlichen großstädtischen Bühne.

In den letzten Jahren hatte ich Gelegenheit, mit der Lupe in der Hand Fischers berühmten graphischen Roman (»Entwurff einer historischen Architektur«, 1721) durchzublättern und mich selbst sorgfältig zu überprüfen. Ich sammelte eine Handvoll Beweise dafür, daß die Verrücktheit des jungen Bogdanović doch nicht ganz so verrückt war. Bei gründlicher Betrachtung kann man erkennen, daß sich das Bild oder besser gesagt *imago* der Stadt schon im Aufriß der Sichtseite der ursprünglichen Variante verbirgt. Und dazu noch etwas sehr Ungewöhnliches, etwas, was man vielleicht eine »Reise mit dem Blick ins Innere der Stadt« nennen dürfte: Die winzigen architektonischen Formen auf mehreren Ebenen unterhalb des von zwei Säulen gerahmten Kuppelunterbaus wirken wie das illusionistische Relief eines unwirklich fernen Dioramas. Dieser Eindruck verstärkt sich noch, wenn man den ersten Plan betrachtet, der auf die zu Beginn der Arbeiten geprägte Jubiläumsmedaille übertragen wurde.

Wie die aufregende Chronik über den Bau der Karlskirche weiterging, ist vielen meiner Wiener Freunde besser bekannt als mir. Dennoch scheint mir, so von der Seite betrachtet, daß der spätere Teil der Geschichte über das Vordringen in eine gedachte Tiefe absichtlich oder unabsichtlich weggelassen wurde. Mit der Errichtung des sehr sichtbaren gemauerten Querriegels wurde ein steinerner Vorhang über den Theaterhorizont gezogen. Die drei, vier vertikalen Innenflächen sind auf einen einzigen *gros-plan* reduziert. Die Baugeschichte über die Stadt der Städte, die sich nach architektonischen Codes auch auf Jerusalem, Rom und Konstantinopel beziehen könnte, wurde dennoch nicht ganz vernachlässigt. Sie bekam einen etwas verborgeneren und damit geheimnisvolleren Charakter.

Übrigens war es nicht schwer festzustellen, daß auch im planimetrischen Stil der Karlskirche gewisse Anspielungen auf eine barocke Stadt oder einen barocken Garten spürbar sind. Die Kompositionsachsen sind sichtlich überbetont für den Grundriß einer Kirche und dabei so gegliedert, daß sie eher an städtische Alleen oder wenigstens Parkwege und Heckennischen erinnern als an die horizontalen Elemente eines einzigen Gebäudes.

Zufällig oder nicht verbarg die sehr originelle Planimetrie des ursprünglichen Entwurfs auch etwas für ein christliches Bethaus Atypisches. Der Tempel sollte in der ganzen Länge durchschreitbar sein. Eine geradlinige Gasse, nennen wir sie so, zog sich durch die ganze Längsachse der Kirche und war mindestens sieben, acht Meter länger, als der heutige Raum erlauben würde. Wieso das? War der Tempel ursprünglich als Mausoleum gedacht? Mir ist nicht bekannt, ob Fischers Ratgeber, Theoretiker oder sogar Ideologen des großen Bauunternehmens – Leibniz und Heraeus, der Philosoph und der Ikonologe – zusätzliche Erklärungen für die offensichtliche Abweichung von den üblichen Kanons der damaligen sakralen Architektur gehabt hätten.

Eine Tatsache ist indes, daß der symbolische »Durchgang« durch den Tempel hervorragend in die Welt von Fischers mentalen Bildern paßte. In seinen baumeisterlichen Phantasmen nehmen räumlich-konzeptuelle Chiffren wie »Durchgang«, »Durchlaß«, »Ferne«, »Licht im Gegenlicht« einen besonderen Platz ein, also die Berufung auf eine Bewegung dem Licht entgegen. Öfter als in den ausgeführten Objekten konnte man auf seinen Zeichnungen nach Herzenslust durch Belvederes wandeln, durch lichte Konstruktionen und Dachbauten, Dachperistyle, Rotunden und Tholoi. Selbst da, wo man im realen Raum nicht einmal mit dem Blick die harte Körperlichkeit der Paläste durchdringen konnte, gelangte man auf den ursprünglichen Skizzen wenigstens in der Phantasie in eine unbestimmte Ferne. In seiner Sehnsucht nach metaphysischen Weiten vergaß der Träumer Fischer oft, die Bogenöffnungen der großen zentralen Säle und Aulen zu »verglasen«. Das war eine Unterlassung, die kaum ein Bauherr widerspruchslos akzeptiert hätte. Er hätte sicher an die subalpinen Frühlings-, Sommer- und Herbstlüfte gedacht, ganz zu schweigen von den Winterwinden.

Und dann erst die zwei legendären Säulen vor dem Hauptportal der Karlskirche – in welch unerreichbare Fernen der Welt und des Kosmos laden sie die Phantasie ein! Gerade diese beiden architektonischen Riesen als Spitzenmerkmal verleihen dem Gebäude und seiner Umgebung etwas Chimärisches und Surrealistisches, das auf die späteren Träume von Claude-Nicolas Ledoux und die ganze Pléiade visionärer Architekten zur Zeit der Französischen Revolution hinweist. Und nach dem ungeschriebenen Gesetz des revolutionären Erbes haben auch russische Architekten in den ersten nachrevolutionären Jahren etwas vom Doppelgigantismus der Riesenzwillinge Solomons beziehungsweise Trajan-Fischers übernommen. Ich denke vor allem an die urbanistischen Visionen von Melnikow und El Lissitzky. Es wäre äußerst paradox, wenn die Einbildungskraft eines tief religiösen Baumeisters ansteckend in ganz unerwartete Richtung gewirkt hätte.

Ja, würde mein Freund Johnnie Walker sagen, die Wege des Herrn sind unergründlich, zumal wenn es um die kapriziöse Dame Architektur geht und ihre unermüdlichen Verehrer, die Architekten.

In den Labyrinthen der
bunten und schwarzen Futurologie

Bereits in den späten Fünfzigern überschwemmten futurologische oder besser futurographische Darstellungen phantastischer Städte die Seiten europäischer und amerikanischer Architekturzeitschriften. Leider erinnerten die Zeichnungen und Modelle durch nichts an Fischers Feengeschichte. Das konnten sie auch nicht, denn an die Stelle der poetischen Baumeister traten plötzlich hellseherische Urbanisten. Wie andere Propheten verirrten sie sich bisweilen in die Zukunft, um bei ihrer Rückkehr zu erzählen, was sie dort gesehen hatten. Ihre Entdeckungen waren nicht glorreich. Gewöhnlich gingen sie nicht über den Rahmen der Gemeinplätze vieler literarischer Träumereien hinaus, von den außerirdischen Exkursionen Cyrano de Bergeracs oder Jonathan Swifts über Jules Verne bis zu den angestrengten Science Fiction-Exhibitionen moderner Autoren. Solche Texte galten seit jeher als unterhaltende, manchmal mit einem Stengelchen Humor gewürzte Lektüre. Die urbanistische Phantastik hingegen war mehr als ernst und bis auf seltene Ausnahmen auf tragische Weise humorlos. Wohl deshalb bot sie so freigiebig erhabene und zugleich lächerliche Rezepte für die glückliche Zukunft von Stadt, Zivilisation und Mensch an.

So lief es immer irgendwie darauf hinaus, daß die weisen Städte der Zukunft ohne rechte Notwendigkeit auf dem Wasser schwammen, auf den Meeresgrund sanken oder tief in die Erde drangen, um später wie Maulwürfe hin und wieder ans Tageslicht zu kommen. Es gab solche, die über dem Planeten Erde schwebten, um ohne Wiederkehr in kosmische Räume zu entschwinden, oder solche, die offenbar nicht wußten, wozu sie da waren, und sich um sich selbst drehten. Einige wandten sich der Sonne zu, wenn sie die schöpferische Phantasie in nördliche Gefilde versetzte, andere kehrten ihr ängstlich den Rücken, sofern sie in tropischen beziehungsweise subtropischen Zonen erfunden wurden.

Gerechterweise muß man sagen, daß häufig auch die absurdesten Ideen in schönen, ja verführerischen Zeichnungen dargestellt wurden. Es wurde noch immer mit der Hand gearbeitet, ohne Hilfe von Computermaus und Bildschirm, so daß die unmittelbare Berührung von lebender Hand und lebender Linie den Darstellungen eine fast »bekennerische« Überzeugungskraft verlieh. Und damit die verborgenen Emotionen der Propheten offenbarte. Hinter der kindlichen Ungeduld, möglichst schnell in die Zukunft zu gelangen, ließ sich bisweilen der Gedanke an Flucht erahnen. Ja, an Flucht! Als wären die Seher von einer inneren Unruhe inspiriert: um jeden Preis in einer anderen Welt zu sein, in einem Arkadien jenseits der realen Wirklichkeit, wenn es auch mit den hübschen Vorstellungen aller bisher bekannten poetischen Arkadien nichts zu tun hatte. Offensichtlich war weniger wichtig, wo man ankommen würde, als einfach zu fliehen.

Zu den berühmten eskapistischen Ideen gehört auch ein surrealistisches Monstrum der 1961 in London gegründeten Architektengruppe Archigram. Die ideale Siedlung sollte sich in einer elliptischen Kapsel befinden, die schon auf den ersten Blick an einen gigantischen Käfer erinnerte. Das kafkaeske Gebilde konnte auf dünnen Teleskopbeinen vielleicht ein paar Kilometer krabbeln, bevor es ganz zerfallen wäre. Noch heute, vierzig Jahre später, weiß ich nicht, welche Art physischen, psychischen und intellektuellen Komforts diese monströse Küchenschabe verhieß. Der nette englische Nonsense-Humor (ich vermute, daß es um so etwas ging) gemahnte mich sofort an Johnnie Walker. Warum sollten wir, die wir gern durch Städte spazieren, nicht akzeptieren, daß es auch Städte gibt, die umherwandeln. Oder es wenigstens versuchen.

Anfang der sechziger Jahre wandelten sich offenbar die persönlichen Neigungen der hellseherischen Architekten. Die kinetischen Träumereien von unbändigen Städten, die im Stil der »Lustigen Witwe« fliegen, schweben, flattern, wurden allmählich durch statische Versionen ernster, düsterer, solide verwurzelter Pilz-Städte, Ameisenhaufen-Städte und Termitenbau-Städte ersetzt … Die Termitenbauten und ihr »unterirdischer Urbanismus« (ein Terminus aus der damaligen realen Praxis) waren anscheinend besonders geschätzt. Obsessive Zeichnungsserien beschrieben vergrabene, halbvergrabene, ja gänzlich unterirdische Städte und wurden manchmal zu richtigen graphischen Architektur-Fortsetzungsromanen. Einige hielten sich lange.

Der Termitenbau konnte ein ganz zufällig gewähltes Muster, ein unkontrolliertes Abbild der stets labilen künstlerischen Phantasie sein. Wie in jedem kreativen Prozeß jedoch ist der Griff nach scheinbaren Ähnlichkeiten und Analogien nach freier Wahl – honni soit qui mal y pense! – immer auch eine Art ungewollte psychologische Selbstaussage. Seit den ersten Kontakten mit den riesigen Zeichnungen von Paolo Soleri (später konnte ich in New York die Originale sehen) war mir klar, daß seine à la Piranesi virtuos verdunkelten Darstellungen von Termitenbau-Städten weitgehend eine elementare, fast anthropologische Angst des Menschen jener Zeit spiegeln. Gründe für selbstschützerische Phantasien gab es mehr als genug: das unaufhaltsame Wuchern der Megalopolen, die ersten Anzeichen einer morbiden Hyperurbanisierung, die ersten Anzeichen einer global gestörten Ökologie, aber vor allem die ganz reale, fast alltägliche Gefahr einer atomaren Katastrophe.

Die Schelme von Archigram hatten sich einen Spaß daraus gemacht, Apparate zusammenzustümpern, mit denen sie werweißwohin, vielleicht in kosmische Räume, aufbrechen konnten.

Soleri, ein begabter neo-neobarocker Baumeister, der sich in unser Jahrhundert verirrt hatte (daß er sich nur durch einen Vokal von dem Salzburger Solari unterschied, war mir sofort aufgefallen), ließ sich mit finsterer Tragik und leider ohne Humor darauf ein, die bessere neue Welt zu vergraben.

Die unterirdische Inspiration war morbid. Aber lassen wir die scheußliche Sozio-Physiologie der realen Termitenbunker einmal beiseite, so konnte ihr innerer Aufbau die Architektenphantasie wirklich anregen. Die Fundamente der Termiten-»Städte« liegen tief unter der Erdoberfläche, und um die von außen sichtbaren phantastischen Türme, die an die Architektur von Antonio Gaudí gemahnen, verzweigen sich auf Hunderten Quadratmetern unsichtbare Wege und Pfade, Arterien, Kanäle, Querverbindungen. Und mitten im Zentrum, einer unterirdischen Downtown en miniature, gibt es immer zahlreiche Hohlräume, scheinbare Gewölbe, Kuppeln (im Negativ), große und kleine Arkaden, von Strebepfeilern gehaltene Terrassen, und sogar Plätze. All das und dazu die strenge Isolierung von Außenluft und -temperatur, also eine Art biologisch selbstregulierender Klimatisierung, mußte in den unruhigen sechziger Jahren die Phantasie der Architekten erregen und vielleicht auch trüben.

Man muß nicht groß erklären, daß die Gesetzmäßigkeiten in einer Insektengemeinschaft und diejenigen, die das Leben in Städten regulieren, einander nicht ähnlich und schon gar nicht miteinander identisch sind. Keine Mathematik, auch nicht in der Sphäre der seinerzeit sehr beliebten analogen Modelle, könnte beide Wirklichkeiten demselben Begriff unterordnen. Wenn ein übermütiger Demiurg es dennoch wagte, eine gewaltige, hypermoderne Termitopolis aus Beton zu gießen, müßte er sich wohl bemühen, auch eine neue hybride Spezies der Bewohner auszubrüten, die in den monströsen Bedingungen zu leben vermöchte. Und dann müßte alles streng nach der Logik literarischer oder paraliterarischer Phantasie weitergehen und würde in einer Welt bitterer, ja zynischer Grotesken enden.

Da ich die Studenten ebenso gern unterhielt wie mich selbst, versuchte ich ihnen einmal eine scherzhaft intonierte Geschichte oder Fabel darüber zu erzählen, wie eine ideale, nach dem analogen Modell der Termitopolis eingerichtete Stadt logischerweise funktionieren könnte. Sie hörten aufmerksam und etwas verwirrt zu.

»Stellen wir uns vor, daß wir alle eines Morgens als Insekten in so einer weise organisierten Termitenwelt erwachen.«

Ein unsicheres Stimmchen aus dem Hörsaal: »Wieder Kafka!«

»Ja, als Insekten und Hermaphroditen. Und wenn wir uns in der neuen Situation genauer umsähen, würden wir erkennen, daß jemandes unerbittliche Phantasie uns über Nacht in anatomische Klassen aufgeteilt und jeden von uns für eine bestimmte Tätigkeit vorgesehen hat. Wir würden bemerken, daß wir plötzlich imposante Werkzeuge geworden sind: Schlagbohrer, Bulldozer, Betonmischer und natürlich auch Panzer und Belagerungsmaschinen …«

Ich dachte mir nichts aus. Schilderte nur etwas pittoresker die soziale Arbeitsorganisation einer unglücklichen Termiten- oder übertragen einer menschlichen Population, so etwa, wie das auch ein entomologisches Handbuch aufgezeigt hätte. Und da ich mich schon tief in die absurde Story verstrickt hatte, gab es kein Zurück mehr:

»Betrachten wir nun, wohin wir plötzlich geraten sind, wie wir einander hemmungslos stoßen, stechen und reizen, um pausenlos und eifrig unsere gesellschaftlich-nützliche Arbeit zu tun. Voller Begeisterung betatschen wir alle schamlos unsere riesige, glitschige, heiße Königin …«

Die Aufmerksamkeit war auf dem Höhepunkt.

»Die Berührung der Königin ist fast ein Ritual. Sie sondert unablässig ihr mysteriöses ›Sozialhormon‹ ab und hält nicht nur die Gemeinschaft zusammen, sondern harmonisiert durch ihre Impulse auch Rhythmus und Tempo der Arbeit, und wenn der gesellschaftliche Auftrag (wie Majakowski sagen würde) es erfordert, bringt sie durch verstärkte Sekretion die Untertanen zum pansexuellen Paroxysmus.«

Stille.

»Allerdings müßte das, was auf den unterirdischen Baustellen einer riesigen menschlich-termitischen Metropolis geschieht, nicht immer idyllisch oder verlockend sein. Im Gegenteil, es könnte abschrecken. Versuchen wir einmal«, fuhr ich fort, um die Sache noch mehr zu verwirren, »uns im düsteren Spiel der verzahnten Tätigkeiten unsere hiesigen angesehenen Mitbürger, Akademiker und Minister vorzustellen, wie sie einander in ihren neuen termitischen Ehrenfunktionen aus lauter Eifer vorn und hinten das bißchen halbverdaute Nahrung hineinstopfen beziehungsweise heraussaugen und sie durch zusätzliche Fermentierung in kostbare Exkremente aus Zement verwandeln. Ohne ihn gäbe es den berühmten Termitenbeton nicht. Und der ist so hart, daß man in unserer realen, technisch zurückgebliebenen Welt doppelt-, ja dreifachstarke Dynamitpatronen zu seiner Zerstörung bräuchte als zur Beseitigung mehrstöckiger Häuser in den heruntergekommenen Vierteln unserer Städte.«

Das Stimmchen aus dem Hörsaal: »Grauenhaft. Aber die Zeichnungen von Paolo Soleri sind wunderschön!«

»Ja. Und was das Grauen betrifft, so bin ich nicht schuld, daß die Wirklichkeit aus dem Traum so ausgefallen ist, wie sie ausfallen mußte. Denn ich habe nur ein begabtes, literarisch begonnenes, unabgeschlossenes zeichnerisches Opus an sein logisches Ende geführt … Ich hoffe, wir haben uns verstanden!«

Das Stimmchen, kaum hörbar: »Nein!«

Ich weiß nicht, welches »kartesianische Teufelchen« mich ritt, meinen Studenten gelegentlich den Spaß zu verderben und ihre – heute längst vergessenen – Idole so gründlich zu analysieren und zu zerfetzen. Nebenbei gesagt hatte ich eine jener altmodisch kindlichen Generationen vor mir, die noch immer leichtgläubig in die Zukunft schauen. Wenige Jahre später traten die weit höhergebildeten, aber auch skeptischeren und in ihre poetisch-politische Welt verschlossenen »Blumenkinder« an.

Ich persönlich, wenn das überhaupt wichtig ist, blickte paradoxerweise in die Spiegel der Vergangenheit. Ich erwartete wohl, dort etwas von den undeutlichen Umrissen der nahen Zukunft zu erkennen. Die ferne Zukunft interessierte mich nicht, weil ich mit Recht meinte, daß sie weniger gefährlich sei als das, was uns an jedem neuen Morgen geschehen konnte … Zufällig oder nicht las ich zu der Zeit die alte russische Legende von der Stadt Kitesh und versuchte sie zu verstehen. Sie war in den dunklen Zeiten der Tatareneinfälle entstanden und gewissermaßen der Gegenentwurf zur Fabel über das himmlische Jerusalem. In der Spätantike, in der biblischen Version, in der Offenbarung des Johannes geht es um die fieberhafte Erwartung, daß die himmlische Stadt hernieder fahre zur Erde, um allen lebenden und toten Gerechten Zuflucht zu geben. In der russischen Lesart hingegen versteckt Gott die mystische Stadt am Grund eines großen Sees und öffnet ihre Tore allen Leidenden, die Grund genug haben, der realen Welt zu entfliehen.

Anscheinend ist in der Mitte des 20. Jahrhunderts ein ähnliches Syndrom der rettenden Idealstadt den Intellektuellen der westlichen Hemisphäre auf den Fuß gefolgt. Vielleicht müßte man gerade in den Andeutungen verborgener Panik die Erklärung für all die vielen Zeichnungen von Maulwurfs-, Ameisen- und Termitenstädten suchen. Es war ein etwas perverses Gesellschaftsspiel der Abschreckung und Ermutigung. Philosophen, Schriftsteller, populäre Publizisten legten nolens volens die tiefen Wurzeln der seelischen Unruhe frei. Zum Trost offerierten luxuriöse Kunstdruckzeitschriften suggestive Darstellungen glücklicher und sicherer Städte jenseits der Realität, wie man sie sich nur wünschen konnte. Es läuft darauf hinaus, daß in jener ungewissen Zeit der atomaren Bedrohung in der Karibik und anderswo selbst die Angst einen beträchtlichen Marktwert hatte.

In der Heimat des großen Dämons

Die herzlichen und gastfreundlichen Georgier laden gern Freunde und sogar neue Bekannte zu sich ein. Bei einigen Besuchen im alten Teil der Stadt Tiflis glich der Eintritt ins Haus dem in ein edel gebundenes, aber arg zerlesenes Buch. Steile, wacklige Treppen, vollgestopfte Zimmer, vorrevolutionäre Tapeten, riesige Lampenschirme aus vertrockneter, fast petrifizierter Seide. An den Wänden vergilbte Fotos von Kosakenführern, die vielleicht in diese Gegenden strafversetzt wurden und hier ihre Spuren hinterlassen hatten.

In diesem Dekor verhielten sich meine neuen Bekannten bisweilen wie Helden und Heldinnen aus der klassischen russischen Literatur. Auf einem Ball – ja, einem Architektenball – versuchte ich, einen sogenannten *anglijski wals* zu tanzen. In der restlichen Welt war die Zeit des Rock'n'Roll schon fast vorüber. Eine Dame in einem Ballkleid, das im Verlauf von Generationen mehrere Metamorphosen durchgemacht hatte, zwitscherte in altertümlichem, reizendem Russisch-Französisch: »Wenn Sie nur wüßten, Monsieur ...« oder »Ach, Monsieur, das kann man sich kaum vorstellen, geschweige denn beschreiben ...« Egal, was.

Ihr »Monsieur« klang verschwörerisch, kam ich doch aus einem Land, wo man sich wie hier mit »Genosse« anredete. Jedenfalls war ich ihr dankbar, weil sie, so an ihren kindlichen Tanz hingegeben (sie sah übrigens auch aus wie ein Kind), nicht monierte und vielleicht gar nicht bemerkte, daß ich sie ständig zum Stolpern brachte. Meine tänzerische Heldentat, an die ich mich wie an eine Art urbanologische Anekdote erinnere, begab sich in einem sehr altmodischen ehemaligen Offizierskasino irgendwo an der unsichtbaren Grenze zwischen dem vor-russischen und dem russischen, also Gouvernementsteil der Stadt. Den Fluß Mtkwari stromaufwärts und den modernen Zeiten entgegen reihen sich neuere städtische Segmente. Allmählich gelangt man in den aus der Zwischenkriegszeit stammenden Teil der Stadt, der seltsamerweise mehr auf mitteleuropäische als auf russische, ja moskowitische Art und Weise reguliert ist. Die Straßenprofile und die Baumreihen erinnerten mich an den Belgrader Donauhang. Und das noch mit demselben Fehler: Die Hauptstraßen verlaufen unnötigerweise waagerecht, und die Querstraßen führen steil bergab beziehungsweise bergauf. Das war ein untrügliches Zeichen dafür, daß beide Städte zu Beginn des 20. Jahrhunderts kaum Probleme mit den Fiakern und erst recht nicht mit den ersten gespenstischen Autos hatten. Noch weiter flußaufwärts konnte man auch die pompösen »sozrealistischen« Stadtsegmente erreichen, aber über die braucht man kein Wort zu verlieren.

Die Stadt Tiflis ist wie geschaffen für die Rituale des Auf- und Abwanderns. Sie liegt zu beiden Seiten des Flusses in einem Talkessel, eingezwängt zwischen den Ausläufern des Kleinen und Großen Kaukasus. Geomorphologisch oder sogar stereometrisch betrachtet, konnte man sie für ein umgekehrtes Belgrad halten. Während man im alten Tiflis zur zentralen Talsohle hinabstieg, mußte man sich in dem zwischen zwei Flüssen eingezwängten alten Belgrad ordentlich anstrengen, um von den Ufern aus den zentralen Stadtgrat zu erreichen.

Da ich konzise Formeln mag, freute ich mich über meine unerwartete Entdeckung. Zumal ich in jenem Lebensabschnitt die Gewohnheit hatte, die Dinge und Erscheinungen um mich herum nach den kindlichen Kategorien der umgekehrten Ähnlichkeiten oder umgekehrten Identitäten einzuordnen. Ohne Zögern erzählte ich den georgischen Freunden meine neueste Story und war angenehm überrascht, daß ich sie nicht sehr erstaunte.

Meine Art des Denkens war nicht ganz zufällig. Mitte der sechziger Jahre mußte ich schon etliches über die pythagoreischen antithetischen Kategorien wissen. Zu der Zeit reiste ich neugierig, obwohl noch immer oberflächlich, durch verschiedene antike Religionssysteme. Ich betrachtete sie eher als künstlerische denn als philosophische Schöpfungen und genoß sie ästhetisch. Die Natur meines Berufs brachte es mit sich, daß ich mich etwas mehr bei den Pythagoreern aufhielt. Sie waren Anhänger einer typisch städtischen, spekulativ intellektuellen Religion, hatten ihre kleinen geschlossenen

Gesellschaften und regierten auch einige Städte in Süditalien nach ihren Prinzipien. Da ihre Ideen Uneingeweihten verworren, ja gefährlich erschienen, wurden sie häufig zu Opfern blutiger Pogrome. Vielleicht auch deshalb gehörte ihnen meine Sympathie. Interessant fand ich ihr Diagramm der Welt, gezeichnet mit den ersten zehn elementaren Zahlen, aus denen später eine ganze umfassende Philosophie der Natur und des Menschen entstand. Für mich war dies das Produkt einer wißbegierigen und für alles offenen spekulativen Metaphysik. Und als ich später in die malerischen, fast surrealistischen Einzelheiten ihres Alltagslebens vordrang, fühlte ich mich schon halb als einer der Ihren. Natürlich mit einer leichten Dosis unverbindlichen Humors.

Ich glaube nicht, daß meine georgischen Freunde, Architekten, Architekturhistoriker, Konservatoren und der eine oder andere Schriftsteller, von den Pythagoreern mehr wußten als das, was ich eben dargelegt habe. Es sei denn, in ihrer Dornröschenwelt kursierten unter der Hand Schmöker mit Kommentaren russischer klassischer Philologen und Sektenhistoriker aus Zarenzeiten. Möglich übrigens, daß es in Georgien wie andernorts im Nahen Osten lebende Spuren der halbvergessenen antiken esoterischen Tradition gab, die mit ängstlichem Flüstern von Ohr zu Ohr weitergegeben wurden. Solche kostbaren Relikte können ein großer Reichtum und andererseits ein böser Fluch sein.

Um diese lange, aber notwendige Abweichung abzuschließen, muß ich mich kurz von meinen georgischen Freunden trennen und einen Sprung zum Beginn der neunziger Jahre machen. Ich erinnere mich daran, wie ich, verbarrikadiert in meiner Wohnung im Belgrader Viertel Cubura, meinen kleinen, erbitterten Krieg gegen

Milošević und seine Kesseltreiber führte. Damals gab ich ausländischen Journalisten großzügig Interviews und verschlimmerte so meine ohnehin üble Lage. Einer der Interviewer war ein hochrangiger Journalist, ein Analytiker, wie man so sagt. Er war Spezialist für den Libanon und wollte wohl ergründen, ob sich die bereits absehbare jugoslawische Katastrophe so tragisch wie im Libanon ausweiten könnte. Nach einem langen und erschöpfenden Gespräch über politische Themen begannen wir, über Gott und die Welt zu schwatzen. Aus reiner Neugier und um für einen Augenblick den Schrecknissen in meiner Stadt zu entfliehen, fragte ich, ob es unter den muslimischen Drusen tatsächlich geistige Nachkommen der antiken Pythagoreer gebe. Denn so stünde es in einigen europäischen Enzyklopädien. »Stellen Sie sich vor«, entgegnete mein Gesprächspartner, »genau diese Frage habe ich Djumblat junior gestellt, und er antwortete, wenn es sie auch gebe, er als weltlicher Herrscher dürfe nichts davon wissen, und jeder andere noch weniger!«

Zurück nach Georgien. Natürlich konnte auch ich nicht wissen, ob es zu Beginn der Ära Breschnew unter den schon etwas müden Erbauern der neuen besseren Welt Geheimzirkel nach Art der pythagoreischen Hetärien gab. Es war kaum wahrscheinlich, daß sie – zumindest in der Welt der Lebenden – existierten. Aber verrückte Typen wie mich konnte man auch unter meinen Kollegen finden. »Archäologen der verlorenen Bilder«, die in den Ablagerungen des Einstigen wühlen, um ein Körnchen Weisheit des Künftigen zu finden, gibt es glücklicherweise immer.

Am letzten Abend holten sie mich plötzlich und ohne Erklärung ab, schoben mich in einen ältlichen Minibus westlicher Produktion, und wir fuhren in die Berge. Ich blieb gelassen. Beim Aussteigen fühlte man Schneereste unter den Füßen. Die Scheinwerfer, die uns von hinten auf dem Weg leuchteten, holten ein feenhaft weißes Bauwerk aus dem Dunkel. Es war asymmetrisch gegliedert, mit einem mächtigen, langgestreckten Tambour und – soweit man erkennen konnte, bevor die Lichter ausgingen – einer weiteren flachen Kuppel. Wir näherten uns in völliger Stille. Die üblichen Erläuterungen blieben aus. Es war mir überlassen, herauszufinden, wo ich war und warum ich dort war.

Als wir eintraten, blendete uns der Schein von hundert Kerzen. Sie waren in vier gegenüberliegenden Nischen angeordnet, so daß die Symmetrie sofort ins Auge fiel. Die ganze Szene erinnerte an einen großen, mir unbekannten Buchstaben, und diese geheimnisvolle Formel konnte als Ankündigung einer abstrakten Gottheit begriffen werden. Einer christlichen? In keiner der vier Nischen gab es Spuren einstiger Altäre, und die Steinmauern waren kahl. Übrigens gemahnte das Gebäude trotz seines kreuzförmigen Grundrisses zumindest innen eher an ein antikes Mausoleum als an ein christliches Bethaus. Statt Bußfertigkeit atmete der Tempel stolze Einfachheit und wirkte für meine Begriffe majestätisch. Wäre ich etwas gefaßter gewesen und hätte unbemerkt die realen Dimensionen ausgeschritten, hätte ich leicht festgestellt, daß der Raum nicht mehr als zwanzig mal zwanzig Schritt maß.

Im idealen Zentrum genau unter der Kuppel befand sich ein grob geflochtener, größerer runder Korb, noch ganz feucht und mit Schneespuren. Darin schimmerten Eier. Obwohl meine Mutter mich von klein auf gelehrt hatte, daß man nicht alles im Leben kontrollieren muß, näherte ich mich dem rituellen Gegenstand – in den orphischen oder orphisch-pythagoreischen Mysterien hätte man ihn wahrscheinlich als *cista mystica* bezeichnet – und entdeckte überrascht, daß es sich nicht um Eier handelte, sondern um runde Feuersteine.

Im ersten Moment hatte ich nicht bemerkt, daß die massiven Stützpfeiler, die Konche von Konche trennten und auf denen Tambour und Kuppel ruhten, längliche Öffnungen hatten: Dahinter mußten sich vier kleine Kapellen verbergen. Dessen wurde ich mir erst bewußt, als von allen vier Seiten je drei Frauengestalten in »Chitons« aus Ziegenhaar oder alten Säcken erschienen. Mit leisen, eleganten Katzenschritten umrundeten sie den Korb und blieben dann im Kreis stehen. Ihre Bewegungen waren sehr langsam und spielten sichtlich auf das Wachsen und Wiegen von Pflanzen an. Jede Pflanzen-Priesterin nahm zwei Steine aus dem Korb, und dann schlugen sie rhythmisch die Steine gegeneinander. Die Schläge waren leicht mitzuzählen und verrieten Ziffernfolgen, von eins bis vier und wieder zurück. Graphisch läßt sich dieser Rhythmus am besten durch das Diagramm eines pythagoreischen Teraktys und seines Gegenbilds darstellen:

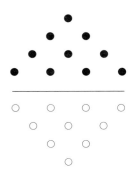

wobei sich beim Übergang von einer Zahlenfigur zur anderen der Klang der Steine änderte und bisweilen gedämpft, dumpf, fast unterirdisch schien. Und in dem leichten Dunst, in der Luft spürte man immer stärker einen Geruch, der an Feuer erinnerte. Das war für mich eine bedeutungsvolle Botschaft, so wie der schmutzige Korb an Erde und natürlich auch an Wasser denken ließ.

Ich war aufmerksam, um herauszubekommen, worum es ging. Nein, das war keine Folklore. Das war nicht das georgische Staatsballett. Das waren nicht einmal professionelle Choristinnen, obwohl sie sehr geschickt, raunend irgendwelche Feenrezitative darboten. Alle waren in ihr Spiel vertieft und hatten denselben Gesichtsausdruck eines vollkommenen, man würde sagen metaphysischen Glücks.

Dann war ein Männerchor zu hören. Die Stimmen und der Klang sind mit Worten nicht zu beschreiben. Als würde die Musik von den Mauern produziert, als hätte sich das ganze Bauwerk in ein Instrument verwandelt. Mir fiel ein, daß das innen so symmetrische Gebäude außen auffällig asymmetrisch war. Ich frage mich bis heute, ob es vielleicht als vorzeitliche steinerne Gefäßflöte gedacht war – eine Vorläuferin der heutigen Okarina.

Die seltsamen Klänge kamen aus den vier kleinen Kapellen. Der Reihe nach aus der ersten, zweiten, dritten, vierten. Die Klänge bewegten sich im Kreis von links nach rechts, also im Sinne der Sonnenbahn beziehungsweise der pythagoreischen Kanons, von der weiblichen zur männlichen Hälfte der Welt. Paradox oder nicht, aber das nächtliche Chorrezital zum Ruhm der Sonne kam aus unteren, chthonischen Schichten ... Jedenfalls war die Regie durchdacht, das Spiel halbwegs routiniert, aber ich bin sicher, daß ich nie im Leben ein so eindrucksvolles Zusammenwirken von Ritual und Raum empfunden habe – von Bewegungen, Klängen, Inszenierung und der vorgegebenen, edlen architektonischen Form.

Die Vorstellung – heute würden wir Happening sagen – wirkte irreal und berauschend. Und dann kehrte alles plötzlich in irdische Koordinaten zurück. Durch die schmalen, unverglasten Fenster kündigte sich die Morgendämmerung an. Die heiligen Tänzerinnen warfen augenblicklich und sehr leicht ihre nächtliche Trance ab. Es stellte sich heraus, daß sie Studentinnen der szenischen Künste und der Architektur waren. Ihre Herren Kommilitonen schlüpften aus ihren Winkeln. Zwei, drei Kartons mit georgischem Champagner tauchten auf, und Schluß mit der Parade! Als wir am nächsten Tag auf demselben Weg, aber in viel größerer Gesellschaft in Richtung Westen aufbrachen, schwiegen wir Zeugen des nächtlichen Mysteriums wie Verschwörer. Unsere lauten Reisegefährten waren auf mehrere große Busse verteilt. In Tiflis ging gerade ein regionaler Kongreß der Internationalen Architektenunion (UIA) zu Ende. Wir unternahmen einen gemeinsamen Besuch der altchristlichen Dzwari-Kirche in Mzcheta, der alten Hauptstadt des kaukasischen Iberien. Ich konnte viel gründlicher als während der Nacht den sehr durchdachten und genau gezeichneten Grundriß studieren, der in seiner geometrischen Logik an Bramantes tausend Jahre späteren, nicht realisierten Entwurf für die Peterskirche in Rom erinnerte; sofern man freilich Dzwari nur als winziges Muster für diese noch immer berühmteste und größte Kirche der Welt auffaßt.

Während die Besucher schwatzten, sah ich mich verwirrt im Inneren des Kirchleins um. War es möglich, daß sich hier vor wenigen Stunden jene merkwürdige Vorstellung abgespielt hatte? Der Korb mit den eiförmigen Steinen, die Flaschen, die Kerzen waren verschwunden. Alle Spuren waren getilgt, sogar die Wachstropfen vom Fußboden gekratzt. Die Morgenfeen hatten viel zu tun gehabt. Ich war drauf und dran, mich besorgt zu fragen, ob ich in der Nacht wirklich all das gesehen hatte, als ich plötzlich und erleichtert in einer Ritze des Steinprofils etwas über Augenhöhe einen Champagnerkorken entdeckte, der hier auf seinem Flug durch die Luft steckengeblieben war. Ich zog ihn heraus und steckte ihn ein.

Eigentlich war ich deprimiert. Ich fragte mich: Wenn das sowjetische Regime im Namen einer absurden Abstraktion namens »Völkerfreundschaft« den »breiten Massen« so viel Spektakel mit Seiltänzern, Säbeln, mythischen mittelalterlichen Rittern in besserer oder schlechterer Choreographie anbot – was konnte dann an einem Studentenspiel gefährlich erscheinen? Damals, also zehn, zwanzig Jahre nach den großen und kleinen Säuberungen war die große Panik schon vorbei. Aber in den Knochen steckte noch immer eine elementare und nicht ganz grundlose Angst. Sibirien war nach wie vor ein russisches Land, und ein Zufall, eine unvorsichtige Begegnung mit Ausländern, ein kräftigeres Wort jenseits der unerträglichen sprachlichen Stereotypen konnte einen unangemessen hohen Preis kosten. Das Schlimmste war, daß immer noch nicht nur sogenannte antisowjetische Ideen, sondern Ideen überhaupt als verdächtige Ware angesehen wurden. Ich fragte mich, womit ich das Vertrauen meiner georgischen Kollegen verdient hatte. In meiner Unbescheidenheit vermute ich, daß sie sich ungehemmt vor mir öffneten, weil sie mich mehrmals hatten sprechen hören und in etwa wußten, was ich schreibe.

Sie zeigten mir sogar verstohlen ein paar übersetzte und ungeschickt vervielfältigte Fragmente aus meinem Buch »Die nutzlose Maurerkelle«.

Dieses wunderliche Buch befaßt sich mit einer erfundenen überzeitlichen Gemeinschaft von Freunden der »inneren Architektur«, die halbvergessen und tief verborgen in uns steckt. Die Adepten, Neopythagoreer und Platoniker aller Länder und Epochen, identifizieren sich nach und nach mit ihren unsichtbaren, idealen Bauwerken, wobei sie sich selbst unablässig bauen und wieder demontieren, um sich aufs neue und besser zu bauen … und so ad infinitum. Wie in jeder Sekte überbieten sie einander auf ihren Séancen, disputieren und streiten, und manchmal geschehen ihnen noch viel üblere Dinge.

Aus dem Gesagten wird bereits klar, daß es sich keineswegs um ein politisches Buch handelte. Doch selbst in meinem quasiliberalen Land wurde es (der Teufel mag wissen, warum) vom Knurren der diensthabenden Ideologen begleitet. Sie glaubten wohl, daß der Duft einer verbotenen Frucht von ihm ausging. Und davon fühlten sich anscheinend auch meine kaukasischen Freunde angezogen. Sie mußten in ihrer Vereinsamung einen großen – ich möchte sagen wölfischen – metaphysischen Hunger verspüren. Ob sie ihn heute, da kein Bedürfnis mehr nach Undergroundkultur besteht, einigermaßen gestillt oder den Reiz jenseitiger Dinge vergessen haben, ist mir nicht bekannt.

Gori ist eine ohnehin düstere Stadt, und der Tag war wie bestellt für einen Besuch bei den bösen Geistern. Ohne Regen und Schlamm drang eine unerklärliche Feuchtigkeit aus unterirdischen Sphären. Vielleicht war es eine Einbildung, aber die Ausdünstungen kamen mir schwefelig vor. Wie konnte es auch anders sein in der Stadt des großen Dämons? Mir lag daran, das Nest zu sehen, aus dem er geschlüpft war. Meine Betreuer versuchten mir das diskret auszureden: »In der Revolution war Georgien ein Land der Menschewiki ...«, doch dann hoben sie die Schultern. Wie der Gast wünscht. Ich fühlte, daß das, was ich erbat, pervers und beleidigend war, aber ich konnte nicht widerstehen.

Ein Haus, ein Häuschen, eine Hütte – mit einer geschnitzten orientalischen Terrasse, kleinen Fenstern und einer Tür in der Mitte. Solche gab es auch in Serbien, es gibt sie sicher noch am Rand vergessener Provinznester, hinter der letzten Gasse, jenseits der Bahnstrecke, zwischen Sümpfen und Feldern ohne Wiederkehr. Jahrelang war ich nach diesem Besuch im Zweifel, ob Stalins Vater vielleicht irgendwo Schrankenwärter war, in Wirklichkeit war er Schuhmacher. So jedenfalls wurde er in den Lebensbeschreibungen des Heiligsten aller Heiligen geführt.

Drinnen gab es nichts zu sehen: im engen Flur ein kleiner, in Handarbeit gefertigter Herd; links und rechts je ein Zimmerchen, eiserne Ehebetten, an der Wand zwei offenbar kopierte und nachträglich vergrößerte Fotos. Mama Dschugaschwili, schön, ja durchgeistigt, sehr fromm – sie soll den kleinen Koba nach Tiflis ins Priesterseminar geschickt haben. Papa Dschugaschwili? Nichts Erinnernswertes außer einem dicken schwarzen Schnurrbart. Das wäre alles, was man über diese baufällige, in Abständen mit neuer Farbe versehene Hütte sagen könnte. Trotzdem ist die Geschichte nicht zu Ende. Oberhalb des Geburtshauses des großen Dämons befand sich Mitte der sechziger Jahre eine Art Mausoleum. Die Konstruktion weckte verrückte Assoziationen:

ein persischer Tempel mit vier riesigen Säulen aus wertvollem Stein und üppigen, sozrealistisch geschmacklosen Kapitellen. Vielleicht war die Form auch aus dem altchristlichen Baldachin abgeleitet, der sich gewöhnlich über dem Altar befindet. Das feuchte Häuschen aus morschem Holz und schlechten Ziegeln unterhalb eines Tempels aus Onyx – vielleicht übertreibe ich! –, jedenfalls unter einer solchen Menge Marmor, stellte ein ebenso unlösbares Rätsel dar, wie wenn man zum Beispiel einen billig gezimmerten Sarg unter einem kostbar geschnitzten Eßtisch aus Ebenholz oder Mahagoni entdecken würde.

Der kleine Koba wuchs als gefälliger Knabe auf. So blieb es auch, als er räuberische Neuheiten in das Gebaren der abtrünnigen russischen Aristokraten einführte. Ich denke hier an die Ausbeutung der Ausbeuter beziehungsweise die Überfälle auf Postwaggons an den Eisenbahnstrecken in der Steppe. Damals war die einschlägige Technologie noch unterentwickelt. Zum Beispiel gab es keine Masken, wie sie heutige Einbrecher tragen. Er brauchte sich nicht zu verkleiden. Sein Gesicht strahlte vor Gutmütigkeit. Im Unterschied zu Lenin, dessen intellektuellere Physiognomie einen elementaren, fast chemischen Haß verriet, oder zu Hitler, der seine infernalische Natur nicht kaschieren wollte oder konnte, bewahrte Kobas Gesicht bis ins hohe Alter die natürliche Larve eines netten Zwergs aus Schneewittchen.

Das Seelenleben meiner georgischen Freunde ist mir nicht ganz klar geworden. Sie sprachen etwas abfällig über ihn wie über ein schwarzes Schaf in der Familie. Aber sie schienen immer noch entsetzliche Angst vor ihm zu haben. Wie vor einem fernen mythischen Ahnen. Vielleicht begegnete er ihnen in ihren Alpträumen.

Vielleicht irrte er noch wie ein Schatten über die kaukasischen Berge. Und wie man weiß, stürzt sich ein Vampir zuerst auf die eigene Sippe und deren Blut. Allerdings wurde die Tatsache, daß der Vampir ein Einheimischer war, auch als Sarkasmus des Schicksals aufgefaßt. Mütterchen Georgien hatte ihn geboren und dann den Russen zum Geschenk gemacht.

Strenggenommen gehörte der kaukasische Bösewicht viel eher in die Steppe, die Taiga, die vereisten sibirischen Sümpfe, als daß er an einen Berggeist erinnerte. Ein Rübezahl war er schon gar nicht. Eher ein Zauberpriester. Er gab sich den Anschein eines guten und für die Menschheit unentbehrlichen Schamanen. Hunderttausendmal spielte er die Rolle eines aufopfernden Kämpfers für himmlische Gerechtigkeit und verteidigte in den trüben Schichten einer nur ihm verständlichen schamanischen Überwirklichkeit den Menschen, die Menschlichkeit und die Menschheit gegen unsichtbare, aber beharrliche böse Geister. Aber in diesem Kampf von kosmischen Dimensionen brauchte es auch Opfer. Stalins entsetzliche Todesindustrie war genau nach dem Modell schamanischer Träume geplant, verwirklicht und moralisch gerechtfertigt worden. Und in diesen Träumen waren bekanntlich die Grenzen zwischen Leben, Vegetieren und Nicht-Leben nicht sehr scharf gezogen.

An dieser hinterhältig unklaren Linie zwischen Realität und Schattenwelt und in der ingeniösen Regie von Jossif Wissarionowitsch verdoppelten und verdreifachten sich die menschlichen Seelen in der Wirklichkeit wie in einem schamanischen Fiebertraum, sie zerfielen und zerschmolzen. Der einzelne Mensch hatte Angst vor sich selbst, und manchmal war er, ohne es zu wissen, schon weit jenseits des eigenen Schattens, selbst wenn er fest daran glaubte, noch am Leben zu sein. Die schamanischen Phantasmen beruhen ohnehin auf dem Grundsatz der Nicht-Kontradiktion, und seien sie noch so absurd. In Stalins Bearbeitung, im Status einer kollektiven moralischen und geistigen Umnachtung konnte also das erbärmliche menschliche Individuum – aus Not, im Auftrag, aus eigener Initiative – Bestie und Opfer, Kannibale und Beute zugleich sein.

Sibirische Legenden berichten, daß die Sonne den ersten mythischen Schamanen schuf und ihm die Gestalt eines Adlers mit stählernem Schnabel und stählernen Klauen verlieh. Darum ist verständlich, daß stählerne Dinge zu den obligatorischen Attributen des erhabenen Schamanenberufs gehörten. Schon in den sechziger Jahren des 19. Jahrhunderts wurde vermerkt, daß die rituelle Kleidung eines Schamanen bis zu dreißig Kilo schwer sein konnte, wovon mindestens die Hälfte auf das magische Zubehör aus allerlei Eisenzeug entfiel: Nägel, Ketten, Haken und ähnliches.

Jossif war ein ordentliches, auf seine Art elegantes Väterchen, so wie in besseren Horrorfilmen die Serienmörder dargestellt werden. Er schmückte sich nicht mit Nägeln, verstand sich aber sehr gut auf die mythische Symbolik des Eisens. Schon der Nachname, den er sich später zulegte (und den er natürlich nicht von Madame de Staël übernahm), zeugt davon, aus welchem Material er gemacht und mit welchen herrscherlichen Vorrechten er auf die Welt gekommen war.

Jossif Wissarionowitschs Eingebung, sich der schamanischen Kunst der Kommunikation und Verführung zu bedienen, wurde offensichtlich durch die Künste gewisser russischer Sekten ergänzt, deren Technik einige Berührungspunkte mit der der Schamanen hatten. Ich weiß nicht, ob man zwischen der emotionalen Ekstase der sibirischen und ural-altaiischen Schamanen und der Ekstase der sogenannten popenlosen russischen Häretiker ein Gleichheitszeichen setzen kann. Noch weniger weiß ich, ob der Konspirator Koba schon im Priesterseminar zu Tiflis etwas von Schamanen und Schamanismus gehört hatte. Aber von den Priesterlosen, ihren abergläubischen Wiedertäuferritualen, den schrecklichen Feuerliturgien mußte ihm einiges bekannt sein. Ob er schon so früh auf die rettende Idee kam, die Opfer, aber auch die Protagonisten der künftigen Revolution im Feuer wiederzutaufen, wage ich nicht einzuschätzen. Sehen wir uns den Mechanismus seiner Säuberungen an. Hören wir dem Wort »Säuberung« nach. Läßt nicht sein verborgener semantischer Kern schon die theologisch vorgegebene Läuterung erahnen?

So oder so, die Menschen überließen sich ohne wirklichen Widerstand dem Mysterium der Säuberungen. Die Analogien zwischen den sadomasochistischen Ritualen der großen Hochverratsprozesse und den priesterlosen Feuerliturgien sind leider unstrittig und erbarmungslos. In den wahnwitzigen priesterlosen Ritualen mußte wie in Stalins Säuberungen der tragische Ausgang allen von vornherein klar sein. Dennoch warteten in beiden Fällen die Kandidaten geduldig, bis sie an die Reihe kamen. Mehr noch, die Priesterlosen bereiteten sich in der Hoffnung auf das Feuer, das die Seele reinigt und den Verstand klärt und die Tür zur Ewigkeit öffnet, fleißig auf den Schlußakt vor. Sie gingen barfuß über heiße Asche, über glühende Steine, versuchten Glut zu schlucken.

Was Jossif betrifft, so ging er weder über heiße Steine noch schluckte er Glut. Er mochte Perzowka, einen hochprozentigen, mit georgischem Paprika angereicherten Schnaps, aber sonst war er maßvoll und patriarchalisch rational, selbst wenn er Millionen Menschen in den sicheren Tod schickte.

Aus Johnnie Walkers amerikanischem Bilderbuch

Metonymien und Synekdochen! ... Es geht um sprachliche Tricks, ohne welche die Beschreibung, Auslegung und vermutlich auch das Verständnis städtischer Erscheinungen fast unmöglich wäre. In der Literaturtheorie werden sie zu den Tropen gerechnet, also rhetorischen und stilistischen Finessen ohne tieferen Sinn. Es gab jedoch phantasiebegabte antike Philosophen, die sie nicht nur als unvermeidliche Konventionen benutzten, sondern auch als metalogische Formen des Denkens. Ob sie recht hatten oder nicht, kann ich ehrlicherweise nicht beurteilen.

Im Wesen reduziert sich jede Synekdoche oder Metonymie auf eine kühne Veränderung des Sinns und auf unerwartete Annäherungen und Berührungen getrennter

Begriffsgebiete. Verallgemeinernd kann man sagen, daß die Metonymien gewöhnlich dreist die Dinge umbenennen, während man aus einer Synekdoche, die manchmal ihre ursprüngliche Bedeutung gar nicht verbirgt, immer etwas mehr herauslesen kann, als der Ausdruck wörtlich anbietet. In beiden Fällen ist die Mechanik des Dechiffrierens sehr ähnlich, so daß sich, außer in ganz wenigen reinen, besser gesagt Schulbeispielen, die Metonymien und Synekdochen nicht groß voneinander unterscheiden. Man muß nicht eingehender erklären, daß das erweiterte Modell der sprachlichen Synekdoche, zumindest was die Beschreibung und Interpretation städtischer Erscheinungen betrifft, viel Ähnlichkeit mit jenen Momentaufnahmen hat, bei denen es dem glücklichen Zufall oder der paranormalen Aufmerksamkeit und Schnelligkeit des Auges überlassen ist, das Unsichtbare festzuhalten. So bekommt man eine äußerst nebensächliche Einzelheit sehr klar in der Großaufnahme, aber mit undeutlichem Hintergrund. Oder umgekehrt einen stark beleuchteten Hintergrund hinter einem undeutlichen und dennoch wichtigen Vordergrund. Von Fall zu Fall bietet sich ein Teil fürs Ganze, das Ganze für einen Teil, eine Bagatelle für eine Kostbarkeit oder ein ganzer Reichtum für einen scheinbar minderwertigen Kram an.

Ich führe nur ein paar solcher schockierender Splitter über amerikanische Städte an – eher Synekdochen als Metonymien –, die ich während meiner Johnnie-Walker-Expedition Ende der Sechziger, Anfang der Siebziger sammeln und notieren konnte. Aber vor allem und außerhalb der Reihe ein unerwartetes Zeichen, das mir wie ein Determinativ in einer Hieroglyphenschrift alles, was ich später noch sehen sollte, markierte und erklärte.

Das Ausrufezeichen nach Mark Twain. Die Stadt wurde mit Hilfe riesiger, für ihre Zeit sehr präziser astronomisch-geodätischer Messinginstrumente trassiert, und sie werden wie die Posaunen von Jericho im Technikmuseum aufbewahrt. Doch Washington ist ein umgekehrtes Jericho. Aus dem Nichts errichtet, statt mit Hilfe der magischen Instrumente zu Nichts gemacht. Dabei erstaunt nicht nur die astronomische Genauigkeit beim Entwurf des Stadtplans, sondern schon die Art des gestellten Problems. Man mußte nämlich einen polyzentrischen Stadtplan so gliedern, daß er für alle Fälle auch ein ideelles Zentrum hatte. Durch geschickte Spekulation wurde erreicht, daß man von verschiedenen Punkten der Stadt aus gedachte Pfeillinien ziehen konnte, die fast unfehlbar ihr Ziel trafen. Später wurde die Anspielung allen klar: Mitten in diesem platonischen Schwerpunkt wurde der berühmte Washington-Obelisk errichtet, das größte Ausrufezeichen der Welt, wie Mark Twain spöttelte, und jetzt wiederholen die Tourismusprospekte beharrlich diesen Scherz.

Worüber sollte man erstaunt, worüber verblüfft sein? Die Antwort bekam ich erst später, als ich aus meiner Dia-Sammlung diejenigen aussortierte, auf denen in der Ferne der Obelisk schimmerte. Leicht zu erkennen, daß er sich indiskret ins Leben der Stadt einmischte und auf allen Veduten anwesend war ... Zum Beispiel: das Denkmal für die Kämpfer des mexikanischen Krieges & das Ausrufezeichen! Oder: das Denkmal für die Helden und Opfer des Bürgerkriegs & das Ausrufezeichen! Oder: irgendeine Allegorie mit entblößten Nymphen & (hinter Büschen kaum sichtbar) das Ausrufezeichen! Oder: das Bestiarium, ein bronzenes Tierrudel und irgendwo wieder das Ausrufezeichen, das Warnzeichen oder vielleicht das Zeichen der Panik – der Finger Gottes, der Quäker!

Endstation Sehnsucht. Viele technische Schöpfungen unserer Zeit bekommen, wenn sie auffällig veralten, bisweilen einen ganz neuen, geheimnisvollen Sinn. Der sogenannte Cable Car in San Francisco ist so ein erhabenes Phantombild, das die Emotionen der Bürger zu einem sehr komplizierten mythologischen Knoten verbindet. Kein Wunder, denn das altmodische stählerne Wesen auf Schienen bewegt sich von einer Seite des Stadthügels zur anderen mit Hilfe eines Seils, das flach im Boden verläuft. Es bewegt sich unaufhörlich, ob nun die Straßenbahn in der Nähe oder weit entfernt ist. Vor allem nachts gleitet es wie eine Schlange aus der Unterwelt hervor. Der Vergleich ist nicht willkürlich; es wird von einer gigantischen, unterhalb der Stadt verborgenen altertümlichen Dampfmaschine angetrieben. Die geschickten Fahrer oben – Teufelslehrlinge, immer zu zweit – packen das Seil mit massiven Zangen so flink, wie man eine Schlange packt. Sie tun das, wann immer eine Station verlassen wird, und sie lassen los und betätigen blitzschnell die Bremsen, wenn man sich der nächsten Station nähert. Alle Stationen befinden sich an den Hängen außer der einen auf dem Paß …

Die Arbeit der Bremser und Seilhalter erfordert viel Geschick und eine ideale Synchronisation der Bewegungen. Und dazu etwas schauspielerisches Talent, was das Publikum damals zu schätzen wußte. Wenn das mythische Tierchen – viel kleiner und leichter als eine normale Straßenbahn – sein unteres Ziel diesseits oder jenseits erreichte, ergaben sich die Passagiere einem eigenartigen, eigenhändigen, nicht eben einfachen Ritual. Sie drehten ihren Liebling nebst der Plattform mit dem Schnäuzchen nach oben um.

Vor dreißig Jahren war der Cable Car eine Art Kultgegenstand, der wie jeder Fetisch vor Zerstörung und Selbstzerstörung bewahrt. Schon dadurch ist er ein unverwechselbares Pfand für die Persönlichkeit der Stadt und ein wenig auch eine Bürgschaft für ihre lange Lebensdauer. Von dieser Funktion der königlichen Synekdoche der Stadt des heiligen Franziskus zeugt übrigens auch eine meiner damaligen Aufzeichnungen mit ganz willkürlicher welthistorischer Schlußfolgerung.

Endstation Sehnsucht, Fortsetzung und Ende. In der Äneis wird erzählt, daß die Trojaner, als sie nach dem Fall der Stadt ihre legendären Irrfahrten antraten, auch das geheimnisvolle Herz ihrer Stadt, ihr Palladion, mitnahmen. Allerdings weiß man nicht, was dieser Gegenstand wirklich war. Ein überholtes technisches Wunder? Vielleicht auch eine gewöhnliche hölzerne automatische Puppe, die sich ein bißchen bewegte und die Augen verdrehte. Eine Stadt im vollendeten, also höchsten symbolischen Sinne konnte Troja nur sein, solange es seine Puppe in Händen hielt. Darum nahmen die Trojaner sie mit und hüteten sie und beteten sie an, als sie die Verteidigungsmauern auf der Flucht verließen. Offenbar war dies nicht nur Vergils dichterische Freiheit, und selbst wenn, dann zeigt sie die Überzeugung des antiken Menschen, daß eine Stadt überdauert, solange die Bürger einen triftigen übernatürlichen Beweis für sie besitzen. Ich habe oft versucht, diesen Mechanismus der Selbstidentifikation zu begreifen und ihn in die Sprache der modernen Urbanologie zu übersetzen. Ohne großen Erfolg. Denn trotz der zahllosen automatischen Puppen, Fetische, Idole für viel oder wenig Geld, von denen wir in unserer selbstverliebten Zivilisation sichtbar und unsichtbar umgeben sind, scheint es kein einziges göttliches Bildnis zu geben, dessen verborgenes Herz unser grenzenloses Vertrauen verdiente. Und dann (eine närrische Idee, aber da ich schon angefangen habe): Was wäre, wenn ein großes Unglück die Bürger des heutigen San Francisco in die Flucht triebe? So wie ich sie kennengelernt und liebgewonnen habe, glaube ich, sie würden sich ihren Cable Car aufladen und mitnehmen, da sie ohnehin schon seit Generationen geübt haben, ihn zu ziehen und umzudrehen.

Ich vergleiche noch einmal meine amerikanischen »Mini-Essays« mit Fotos, und alles, was ich nach dem Modell der Synekdoche zu erzählen versuchte, gemahnte an Aufnahmen mit dem Teleobjektiv, das Einzelheiten hervorhebt, aber die Beziehungen zwischen ihnen im Nebel läßt. Ich entdeckte die Dinge also nach dem sophistischen Prinzip des Pars pro toto, und das hat für die korrekte Logik keinen Bestand. Im Unterschied zur Synekdoche erinnert das metonymische Bild der Dinge an die sphärischen Projektionen weiter Landschafts- und Stadtpanoramen, wie sie von Fish-eye-Objektiven ermöglicht werden. Auch da machte ich natürlich Fehler, aber auf ganz andere Weise. Ich ging in eine sophistische Falle vom Typ Totum pro parte, eine Falle, welche die echten Philosophen weit weniger stört.

Um die Dinge nicht unnötig zu komplizieren, folgen nun einige meiner aufs Geratewohl ausgewählten Fish-eye-Aufnahmen:

Frisco ist keine Stadt autistischer Autofahrer. Ich glaube, auch der bissige Aristoteles wäre zufrieden. Seinem berühmten Hinweis, daß eine Stadt nicht größer sein müsse als die räumliche Reichweite einer menschlichen Stimme, ist nicht nur symbolisch, sondern realiter Genüge getan. Falls natürlich jemand mit einem Zauberstab alle Fahrzeuge samt dem Cable Car anhielte und dazu den ganzen unbegreiflichen mechanischen Lärm der Gegenwart dämpfen könnte. Dann würde sich wahrscheinlich auch ein stimmgewaltiger Stentor finden, der ordentlich brüllte, und zwar statt von der Akropolis von jenem Paß, über den sich die heilige Straßenbahn quält. Könnten ihn dann alle im alten Stadtkern hören? Vielleicht nicht. Zum Glück hatte Aristoteles nur die übertragene Bedeutung seiner Worte im Auge. So etwa: Was soll eine Stadt, in der die menschliche Stimme nicht zu hören und das Wort in der allgemeinen Kakophonie nicht zu verstehen ist ... In dieser Hinsicht ist alles in Ordnung. Auch ohne das Experiment mit dem imaginären Rufer ist klar, daß das alte, traditionelle Frisco eine sinnlich begreifbare, mit Stimme und Wort faßbare, mit Gehör und Gedanken berührbare Stadt ist. Hier kommuniziert man leicht und entspannt mit den anderen und auch mit sich selbst. Denn trotz allem ist San Francisco bestimmt keine Stadt autistischer Automobilisten.

Los Angeles. Ein Gramm Schönheit auf eine Tonne Beton. Ein, zwei, drei Tage Hin-und-Her-Fahrerei ... Wo haben sich denn die Bauwunder versteckt? Es gibt sie natürlich, doch man muß Dutzende Kilometer zurücklegen und geduldig nach ihnen suchen wie nach Perlen in einem Hirsesack. Es sind unverhältnismäßig wenige, und das zu einer Zeit, da in dieser Stadt, bildlich gesprochen, an einem einzigen Tag soviel Masse verbaut wird wie für die schönsten Denkmäler einer italienischen

Renaissancestadt. Wäre es nicht interessant, den Faktor realisierter Schönheit pro Tonne zu errechnen?

Ich unternahm den Versuch. Als »Faktor der realisierten Schönheit pro Tonne« nahm ich für den historischen Kern von San Francisco 1,0 an; New York gab ich für Manhattan 0,5; und für Los Angeles, das keinen erkennbaren historischen Kern und überhaupt weder Hand noch Fuß hat, blieb die tragische Ziffer von 0,01 bezogen auf das ganze riesige Territorium. Die Rechenmethode war nicht wissenschaftlich, doch die Schätzungen, so komisch sie aussehen mochten, kamen bisweilen der Wahrheit nahe.

Ich leide nicht an Kopfschmerzen, aber in Chicago tat mir tage- und nächtelang der Schädel weh. Ich schrieb das einem geruchlosen giftigen Bestandteil in der Luft zu, der sich vermutlich in tolerablen Grenzen hielt. Und da die Unerbittlichkeit des Zufalls häufig nicht nur zu unerwarteten Erkenntnissen, sondern auch zu vielen, später unüberwindlichen Vorurteilen führt, geschah es, daß ich nach einigen Tagen in Milwaukee ständig an meinen Chicagoer Kopfschmerz dachte. Ich hatte nämlich Gelegenheit, zu sehen und zu erfahren und sinnlich zu fühlen, wie ein botanischer Garten unter einer Kuppel von Richard Buckminster Fuller lebt und atmet. Alles war genau so wie in seinen weisen Büchern. Ein dünnes, sozusagen schwebendes und selbsttragendes Stahlnetz, auf dem eine leichte Schicht aus Glas oder Plastik ruht. Fuller wurde mit Recht zu den Philosophen der modernen Technik gezählt, aber seine Hexaeder über den Köpfen der Besucher sind dennoch nicht dasselbe wie Platons Polyeder in uns, in jeder unserer Zellen, um uns und über uns. Der Beweis:

Das künftige Chicago oder Heimkehr ins verlorene Paradies. Fullers Konstruktionen gehen von der in allen lebenden Formen verborgenen Mathematik aus. Bis jetzt baut er seine exklusivsten architektonischen Ideen nur aus Zahlen und Maßen, weil noch kein Material gefunden wurde, das ihrer würdig wäre. Der Meister rechnet damit, daß man irgendwann zu neuen, phantastischen, leichten, kaum sichtbaren Baustoffen kommen wird, die wir noch nicht kennen, aber von denen man vermuten kann, daß sie wie die Histologie eines Blatts oder einer Blüte oder wie die Fäden eines Spinnennetzes unerbittlich den Zahlengesetzen unterworfen sind. Er hat schon den Plan und die Berechnungen für eine Kuppel, die mit der Eleganz einer Wasserblase ganz Chicago überwölben würde. Stellen Sie sich eine Membran aus einem unbekannten erstaunlichen Material vor, die in solcher Höhe schwebt, daß von unten nicht zu erkennen ist, ob sie existiert oder nicht. Und unten ist es warm wie in jeder Orangerie, das Klima hat sich verändert und stabilisiert, Häuser sind überflüssig, die Architektur wird abgeschafft. Sofern der Mensch nicht vor lauter Glück Kopfschmerzen bekommt, kehrt er in ein ursprüngliches Paradies zurück. Aber wie? Die Vögel drinnen und die restlichen draußen, die Paradiesvögel und die Nicht-Paradiesvögel werden nicht einmal mehr die theoretische Möglichkeit haben, einander zu begegnen.

Über den Atem des Revolutionsengels

Dieses Zeichen, diese Hieroglyphe war einfach und einprägsam. Ich vermute, daß es sogar den Zugvögeln als Orientierungspunkt dienen konnte, wenn sie ihre alten Aufenthaltsorte suchten. Dennoch ist dieses planimetrische Zeichen nicht leicht mit Worten zu beschreiben, wie wir sie normalerweise gebrauchen, wenn wir jemandem Formen und Besonderheiten von Stadträumen erklären. Es gab dort keinen Platz, keinen Park, keine Allee, kein bedeutendes Denkmal. Dafür aber – und vielleicht jemandem zum Trotz – war das barocke Prinzip der »Achse« konsequent, ja streng angewandt. Eine unsichtbare Linie, präzise gezogen wie mit Hilfe einer Zielvorrichtung, verband zwei städtische Kolosse. Auf einer kleinen Anhöhe im Osten erhob sich die weiße, riesige klassizistische Kuppel des Kapitols des Staates Wisconsin wie ein Eisberg. Man sagt mit Recht, sie sei eine der schönsten in den USA. Im Westen befand sich auf einer ähnlichen Anhöhe der Komplex der Universität von Wisconsin mit markanten pseudogotischen Bauten in der Mitte. Die Türme aus geschwärzten Ziegeln und ihre schon längst oxydierten grünen Kupferpfeile lugten hinter einem dunklen Nadelwald hervor.

Zwischen diesen beiden räumlichen Ereignissen traf man etwas an, was offenbar aus einem alten Film stammte: eine ebenerdige altmodische Geschäftsstraße, übrigens die einzige in der Stadt, mit baufälligen Läden und Lokalen, die statt Saloons studentische Pubs beherbergten, und in den einstigen Verkaufsstellen für Lederzeug, Sporen und Colts residierten Bücher, Bücher, Bücher ... Mit wenig Mühe ließ sich daraus schließen, daß sich hinter den meist rätselhaften Titeln auch etwas bisher Unbekanntes oder zumindest Halbvergessenes über das böse Geschick der Welt verbirgt, die im Zauberkreis der Produktion und des Konsums um jeden Preis steckt. Auch das menschliche Unbewußte, dieser ewig nicht vernommene Zeuge, war nicht vernachlässigt. Nach ein, zwei Jahrzehnten war es wieder in Mode gekommen, und es wurde darüber debattiert, als wäre es, obwohl unschuldig, ins höllische Räderwerk der geplanten Versklavung der Seelen eingebunden.

Unter den Autoren dominierten die Idole jener Zeit: Marcuse, Adorno, Horkheimer. An Benjamin erinnere ich mich nicht, aber es kann sein, daß ich damals noch nicht von ihm gehört hatte. Reichlich vertreten war der Name Erich Fromm, er markierte diskret den Übergang vom Allgemeinen und Öffentlichen zum Persönlichen und Geheimen, von der Philosophie zur Psychoanalyse.

In den Auslagen drängten sich Freuds Kinderchen: Sándor Ferenczi, Karl Abraham, Ernest Jones, Otto Rank-Rosenfeld und das verwünschte, allerdings in meinen Gymnasiastenjahren rückhaltlos angebetete schwarze Schaf – Wilhelm Reich. Da waren auch die Damen aus der freudianischen besseren Gesellschaft: die Tochter Anna und Melanie Klein und andere mir unbekannte Namen, darunter ein sehr klangvoller – Madame Marie Bonaparte. Aber in der Eskorte der Psychoanalytiker fehlte Carl Gustav Jung und bei den Philosophen Ernst Cassirer. Und ich versuchte mir vorzustellen, was mir die beiden über das süße Chaos der angehäuften idealen Begriffe sagen konnten, von Buffalo Bills Sporen bis zur Wiener psychoanalytischen Couch.

Im Spätherbst kamen wir in Madison, Wisconsin, an. Trotz Buffalo Bill und seiner Trapper-Buchhändler-Freudianer-Straße wirkte alles eher russisch als amerikanisch: die schwarzen Wälder und klaren Seen, die Birkenhaine und die grau-roten feuchten Laubhaufen unter den riesigen Platanen. Vor allem aber die Hänsel-und-Gretel-Häuschen mit ihren weißen Giebelfeldern und ihren Säulen aus Holz und mörtelgetränktem Sackleinen. Die vereinfachten, etwas plumpen, aber charmanten klassizistischen Kapitelle verrieten, daß an ihrer Gestaltung auch Professoren für altgriechische und lateinische Sprache verschämt mitgewirkt hatten. Freilich Professoren der älteren Generation, denn die neuen auf ihrer Suche nach dem blauen Vogel der Modernität wohnten längst außerhalb des traditionellen Stadtkerns. Und während die Lehrer jeden Abend kostbare Zeit verloren, wenn sie mit dem Auto zu ihren immer weiter abgelegenen Wohnorten jagten, eroberten die Schüler den idyllischen alten Teil der Gartenstadt. Sie eroberten ihn

Schritt um Schritt, Zimmer um Zimmer, Stockwerk um Stockwerk, Haus um Haus. Einstige Familienhäuser wurden in Appartements und Appartementchen, Zimmer und Zimmerchen aufgeteilt oder verwandelten sich in Wohnheime beziehungsweise Kommunen. So wurde der malerischste Teil der Siedlung spontan zum Campus.

Wenn es stimmt, daß die Szenerie unter bestimmten Umständen die dramatische Energie anspornen kann, dann inszenierte sich hier alles von selbst zu einem tadellosen revolutionären Schauspiel. Das begriffen wir bald, da uns schon die ersten nächtlichen Spaziergänge offenbarten, daß etwas Nichtalltägliches im Gang war. In den idyllischen Winkeln der alten Gärten, hinter den Seitenpforten und weißen Tom-Sawyer-Zäunen ahnte man konspirative Bewegung: die Übergabe chiffrierter Botschaften und geheimnisvoller Päckchen und hastige Verabredungen. Alles erinnerte uns unwiderstehlich an die gefährlichen Spiele der jungen Belgrader in den ersten dramatischen Tagen der Okkupation.

Man versammelte sich in den Studentenzimmern und redete bis tief in die Nacht. Danach standen oft die Fenster offen, damit sich der Tabakrauch verzog. An den Wänden erkannte man die Gesichter der nahen und ferneren Verwandten der jungen Verschwörer. Dank der Marktlogik, die sich ihren Weg auch durch die ersten Andeutungen der Anti-Markt-Revolution gebahnt hatte, konnte man an jeder Straßenecke große Poster von Che Guevara, dem jungen Marx und dem alten Freud kaufen, die dann sorglos bei den geheimen Séancen anwesend waren. Engels gab es weder in junger noch alter Version – er war wohl nicht romantisch genug. Ebenso fehlte der bereits erwähnte Carl Gustav Jung – er wiederum mochte manchem allzu romantisch erscheinen. Also waren auch seine Freundinnen und Freunde aus der Schweizer Kommune Monte Verità nicht vorhanden, an die der Libertinismus der Madisoner Atmosphäre im Spätherbst 1969 erinnerte. Um solche Versäumnisse auszugleichen, wurden, je nach Zimmer, die Ahnentafeln der Heiligen mit viel Phantasie in verschiedene Richtungen erweitert. Neben der heiligen Dreieinigkeit Che-Karl-Sigmund gab es nach Gutdünken, sozusagen à la carte ausgewählt, den einen oder anderen Kierkegaard, Luther und natürlich Martin Luther King, Calvin, sogar Savonarola und, um des vernünftigen Ausgleichs willen, auch Erasmus von Rotterdam, den Autor vom berühmten »Lob der Torheit«. Diese hübsche Konfusion – nicht nur die gefrorenen Birken – erinnerte an die psychische und geistige Atmosphäre des russischen Fin de siècle. Zumal plötzlich ein herrlicher, sonniger, eisiger kontinentaler Winter hereinbrach, und die Szenerie bestens durch die Kostüme ergänzt wurde. In diesem Herbst stand für die Frauen eine sehr würdevolle Maximode auf der Tagesordnung, deren Accessoires sich der Szenerie sehr einfallsreich anpaßten. Täglich sahen wir, umgeben von funkelndem Schnee, Studentinnen in bodenlangen Tuchröcken, dick wattierten Jacken, langen Wollschals und koketten Pelzmützchen. Sie waren gekleidet wie russische Anarchistinnen, freilich aus der besseren Gesellschaft. Ihre frierenden Finger schoben sie in große Muffs und überließen es uns, zu rätseln, was sie dort verbargen – Aufrufe, Flugblätter, elegante Damenrevolver oder Granaten.

Nach einem ähnlichen Code stellten die Jungen bärtige Bakunins und noch bärtigere Kropotkins dar. Doch da ihnen offenbar weniger an Stilreinheit lag als ihren anspruchsvolleren Kolleginnen, verließen sie bisweilen das streng revolutionäre Bilderbuch, und so traf man neben russisch-italienischen Anarcho-Sonderlingen auch gezwirbelt schnurrbärtige Napoleons III., langmähnige asthenische Berlioz' und Liszts, es gab auch sehr schlampige Stutzer à la Théophile Gautier in fettglänzenden bunten Westen und Pelerinen, die aus E.T.A. Hoffmanns Mäusereich zu stammen schienen. Allerdings hielten sich auch einige Damen nicht an die strikten politischen Regievorschläge, so daß manche produktive junge Cosima von Bülow mit einem Rudel süßer, wohlverpackter Kinderchen zu den Sitz-, Liege- und sonstigen Demonstrationen ging. Man konnte auch die eine oder andere einsame George Sand mit Zigarettenspitze, roten Stiefeln und Peitsche beobachten.

Alles war jedoch ernster, als es schien. Einige der erwähnten Studentinnen mit Kindern konnten schon Witwen sein. Der Vietnamkrieg ging ins fünfte Jahr und in eine neue, sehr ungewisse Phase. Langsam aber sicher näherte sich die unabwendbare Katastrophe. In dem scheinbar heiteren, ja humorvollen Schauspiel lag tief verborgene Unruhe und Verzweiflung. Im Unterschied zur zweiten und dritten Welle der Romantiker aus dem vergangenen Jahrhundert, in deren Gewänder sie sich so gern kleideten, waren die Studenten in Madison gesunde Farmerenkel. Sie waren mit frischer Luft und natürlicher Nahrung aufgewachsen, und so waren ihre Verteidigungsreflexe einfacher, als es die revolutionäre Maskerade vermuten ließ. In jedem Fall waren sie besonnener und systematischer als ihre Vorgänger in der slawisch-mediterranen Anarcho-Version.

Wir sahen zum Beispiel, wie die Demonstranten tagelang feierlich ein größeres Warenhaus am Stadtrand umkreisten. Sie umkreisten es wie Josua, der Sohn Nuns, die Stadt Jericho, nur daß sie keine Posaunen in den Händen hielten, sondern Stangen mit Schildern, die darüber informierten, daß die Firma zu einer Kette von Rüstungsproduzenten gehöre und es deshalb nicht ratsam sei, dort einzukaufen. Die selbstsicheren Manager gaben im lokalen Fernsehen beruhigende Erklärungen ab und machten sich über die Studenten lustig. Und dann, eines Morgens vor Sonnenaufgang, brannte das Warenhaus bis auf die Grundmauern ab.

Die Temperatur im Bienenkorb stieg schnell an. Die Zusammenstöße zwischen Studenten und Nationalgarde wurden immer häufiger und heftiger. Zwar wurde nicht geschossen, aber es gab Stützpunkte für Erste Hilfe. Studentische Samariterinnen mit großen Sanitätstaschen begleiteten das Fußvolk. Allmählich tauchten in der Stadt Heldenköpfe in weißen Turbans, verbundene Arme und Beine in Gips auf.

Eine gemeinsame Taktik existierte offensichtlich; ich könnte nicht sagen, daß sie immer klug war, aber sie wurde diszipliniert befolgt. Mit Einbruch der Nacht beispielsweise wurden Unruhen simuliert, gewöhnlich in einiger Entfernung vom Campus. Dort wurden große Feuer angezündet, altes Laub und Mist verbrannt. Die Scheiterhaufen flammten überall auf und spiegelten sich in den Seen, als wären die Urahnen der Winnebago in ihre Wälder und Haine zurückgekehrt. Wären die Geister der Indianerkrieger wirklich eingetroffen, hätten sie wohl sofort die Kriegslist der Studenten verstanden. Die Feuer sollten die Gardisten in die Irre führen, ihre Schlachtordnung auflösen und sie ins Dunkel locken. Dort wurden sie von den unsichtbaren modernen Kriegern provoziert, ihre Pferde mit zischenden Petarden oder harmlosen Wunderkerzen scheu gemacht.

Die echten Demonstrationen brachen mit voller Wucht da aus, wo niemand sie erwartete.

Auf dem Städtchen lasteten häufig Rauchwolken und Reste von Tränengas. Die Studententeams teilten Plastiktüten aus, in denen wir genau nach Anweisung weinessiggetränkte Taschentücher mit uns führten. Zwei, drei Mal mußten wir sie auch benutzen. Einmal – und das war schon dramatischer – drang das Tränengas in die Klimaanlage der Bibliothek. In dem Zehngeschosser begannen die Sirenen zu heulen. Die individuellen Arbeitsplätze hatten keinen Frischluftzugang. Man mußte langsam, ohne Panik, mit dem Taschentuch vor der Nase einen Lift ausfindig machen, sich anstellen und dann hinunterfahren, um ins Freie zu gelangen.

Wie es der Zufall versteht, sich in die Ereignisse einzumischen! In jenen Tagen hatte ich auf meinem Platz eine Menge Titel über Platons berühmten »Siebenten Brief« gestapelt, in dem sich der kraftlose Greis wegen der Schrecken rechtfertigt, die seine Studenten im Namen seiner philosophischen Lehre in Syrakus angerichtet haben. Die Jungen wollten einen idealen Staat errichten, eine Stadt der Gerechtigkeit und Schönheit aufbauen, die vollkommensten Gesetze erlassen. Doch der mit hochtrabenden Aufrufen begonnene Versuch endete mehr als schmählich und in einem Meer von Blut. Und hier endete die Ähnlichkeit. Denn diejenigen, die draußen das Tränengas schluckten – so wie wir es drinnen beim Warten auf den Lift schluckten –, waren nicht übermütig und machtversessen, sondern niedergedrückt von der Misere und der realen Gefahr ausgesetzt, daß der Krieg einen nach dem anderen verschlang. Aber diese ganz zufällige, wenn auch umgekehrte Ähnlichkeit zwischen Platons Lieblingen und den protestierenden Hippies bestätigte noch einmal, daß die Göttin der Geschichte nicht viel Phantasie hat. Gewöhnlich zieht sie, und das in unterschiedlichen Situationen, abgenutzte Verhaltensmodelle aus einem Geheimarchiv und versieht sie mit negativen oder positiven Vorzeichen oder überläßt es uns, das zu tun ... Jedenfalls standen wir in philosophischer Ruhe vor dem Lift, die Nasenlöcher voller Essig, mit geschwollenen Lidern und scharfen Kopfschmerzen.

Zu Beginn des Frühjahrs versuchten die Studenten mit einem kleinen Farmerflugzeug das mathematische Institut zu »bombardieren«, das an militärischen Forschungsprogrammen beteiligt war. Der Versuch war lächerlich, und damit hätte es sein Bewenden gehabt, wäre es nicht ein paar Wochen später in der Tiefgarage des Instituts zur Explosion einer Autobombe mit ernsteren Folgen gekommen. Es war rührend und etwas schaurig, in diesen Tagen einem angesehenen Wissenschaftler zuzuhören, der mit infantiler Trauer und sozusagen Tränen in den Augen jammerte: »Warum nur bombardiert man uns? Wir machen ordentlich unsere Arbeit; wären wir nicht so gewissenhaft und gut, hätte uns das Pentagon nicht engagiert.«

Die Vorgänge um das Institut verhießen nichts Gutes; bald zeigte sich, daß sie ein viel schlimmeres Vorzeichen waren, als es im ersten Moment scheinen mochte. In der einst den Trappern gehörenden Hauptstraße, die den revolutionären Ereignissen als eine Art Proszenium diente, machten sich die Kaufleute, Barbiere, Pub-Betreiber, Chefs der großen Buchhandlungen eifrig an die Arbeit. Sie vernagelten ihre Schaufenster mit Brettern und versahen sie mit Aufschriften der Solidarität. Zum Beispiel: »Nixon – Pig« oder ähnliches. Ob das wirklich eine Unterstützung für die Studenten war oder nur die Bitte, die Scheiben nicht einzuschlagen, ist schwer zu sagen. Jedenfalls wurde aus dem subfebrilen Zustand des Bienenkorbs plötzlich ein Fieberwahn.

Die Nationalgarde war nicht mehr zu sehen, und abends bekamen die Studenten Verstärkung in Gestalt der Black Panther, prächtiger Jungen mit dem Auftreten gestählter Krieger. Sie alle füllten die Hauptstraße, die zum Feldlager wurde. Die Nacht war stürmisch, voller Lärm und Knallkörper, die uns bisweilen weckten, und gegen Morgen war klar, daß sich die Nationalgarde aus irgendwelchen Gründen wirklich zurückgezogen hatte. Während des Tages jedoch tauchte weit Gefährlicheres auf: die Helden der Arbeiterklasse, Schlägertypen, Kampfabteilungen der Chicagoer Gewerkschaften. Gewaltige Mannsbilder, fett wie Catcher aus der Ersten Liga, gegen welche die sanften Black Panthers wie Salonkater wirkten. Ihre Pranken trugen Manschetten aus dickem Sohlenleder mit Metallspitzen, deren Angriff tödlich sein konnte. Die Abrechnung war inspiriert vom altbewährten Klassenkampf, der sich in Blicken und Bewegungen ausdrückte. Aus gepanzerten Autos brüllten die Lautsprecher: »Wir Arbeiter bauen dieses Land, und ihr macht es kaputt!« Diese Art Zärtlichkeit für die Arbeiterklasse, die eine neue bessere Welt baut, während verzärtelte Knaben sie zerstören wollen, hatten wir schon bei den Belgrader achtundsechziger Unruhen kennengelernt.

Bis zu diesem Augenblick hatten wir uns wie in einem Land der Träume gefühlt, in einem Utopia, das zugleich auch ein Uchronia ist, also ein Land Nirgendwo und Nirgendwann zugleich. Vor dem Aufenthalt in Wisconsin – und auch später – hatte ich mich nicht groß um

Utopien und Utopisten gekümmert. Alles begann in der Sphäre literarischer Träume, genau wie bei Platons Schülern, und wandelte sich später zu »praktischen Scherzen«, meist finsteren, ja blutigen. Außerdem hatten wir zu Hause in einer unvollendeten oder deformierten Utopie gelebt, und die Umrisse des politischen Schauspiels, in dem wir uns plötzlich befanden, waren uns einigermaßen bekannt. Wir wunderten uns nur, wieso das Wort »Utopie« für die westlichen Intellektuellen noch immer attraktive Beitöne hatte. Unter unseren Jugo-Bedingungen rief jeder Gedanke an utopische Exaltation inneres Zittern oder Übelkeit hervor. Dennoch waren wir damals in dem bescheidenen, aber intellektuell anspruchsvollen Städtchen Madison (war das nicht der Rahmen, der die Spielregeln bestimmte?) selbst berührt vom Flügelhauch eines unsichtbaren Revolutionsengels, der etwas Neues und Unbekanntes und Besseres bringt. Und wie die anderen empfingen wir ihn mit ängstlicher Freude und Ungläubigkeit – »Da bist du ja endlich!«

Ein wenig bangten wir, was mit unseren Freunden sein würde, wenn das Spiel zu Ende war. Nicht nur die Studenten, sondern auch viele jüngere Dozenten hatten manchmal sehr ungewöhnliche Methoden gefunden, sich auszudrücken. Einige kamen als Indianer maskiert oder geschminkt zu den Vorlesungen. Andere mit einem Pflaster über dem Mund. Aus Protest gegen den immer blutigeren Vietnamkrieg schwiegen sie gemeinsam mit den Studenten während der ganzen Unterrichtszeit. Das waren kindliche, aber mutige Gesten, denn allen war von vornherein klar, daß sie sich auf die künftige akademische Karriere auswirken oder sie vielleicht für immer beenden würden.

Und dann, mit der Ankunft der angeblichen Arbeiterklasse in Buffalo Bills Straße, kam das Ende der Illusionen. Für alle und auch für uns. Die Welt der Phantasien löste sich auf. Bisher waren wir fast überzeugt gewesen, daß unser Traumstädtchen irgendwo auf der geographischen Breite von Sankt Petersburg oder zumindest Kiew lag, und hatten das gefrorene Gebüsch schon halb zur sibirischen Taiga erklärt. Hätten wir einen Blick auf die Karte oder den Globus geworfen, wären wir uns bewußt geworden, daß wir uns auf der geographischen Breite von Belgrad oder Modena befanden, südlicher sogar von Eisensteins Odessa. Offenbar hatten Bühnenbild und Kostüme nebst dem sehr kalten Winter das Ihrige getan.

Mit den ersten Vorboten des Sommers kamen aus dem Gebüsch, das keine Taiga war, wie auch aus der übrigen üppigen seenahen Vegetation große, erschreckende, vielleicht wirklich sibirische, seltsame Mücken, die mehr schnurrten als summten, wie aufziehbares Kinderspielzeug. Auch ihre Bisse beziehungsweise Stiche waren irgendwie metallisch. Die Menschen im Freien schützten sich mit Salben, Tinkturen und Sprays. Türen und Fenster, auch überdachte Terrassen und Plattformen bekamen große Moskitonetze. Die fleißigen »Bühnenarbeiter« wechselten wie im Avantgardetheater die Kulissen schon vor Ende der Vorstellung aus.

Als wir in Columbus, Ohio, ankamen, waren in der Umgebung des Universitätszentrums noch die Spuren der vergangenen Auseinandersetzungen zu erkennen, und unsere Kollegen waren wie die Studenten tief deprimiert. An einer der Nachbaruniversitäten waren bei Zusammenstößen mit der Nationalgarde drei Studenten und eine Studentin getötet worden. Schöne und harmlose Kinder. Überall hingen ihre Fotos mit Trauerflor. Aber auch abgesehen davon war die Umgebung sehr düster. Die große graue, ja rohe Industriestadt glich in nichts dem etwas närrischen Charme von Madison. Das plumpe, von der verschmutzten Luft oxydierte Gebäude des Kapitols glich eher einer großen granitenen Kröte als dem weißen kosmischen Eisberg von Madison. In der Downtown mit ihren Wolkenkratzern (Madison hatte damals noch keine) wußte kaum jemand, wo sich der Campus befand, geschweige denn, daß sich einer dafür interessierte, was dort geschah. Die kleine Taschenrevolution war hier schon durch die Topographie der Stadt auf vorhersehbare Rahmen reduziert, und es bestand nicht einmal die theoretische Chance, daß sie den markierten Kreis überschritt.

Aus den Studentenunruhen am Übergang von den sechziger zu den siebziger Jahren ließ sich noch etwas ableiten. Die Schönheit einiger Städte war offenbar ein beruhigender Faktor. Es gab zwar auch unter solchen szenographischen Bedingungen Aufrufe zu Protesten und sogar Opfer, aber auch zu intellektuellem, ästhetischem, also seelischem Gleichgewicht. Diese Erkenntnis brachte mich zum wiederholten Mal auf die Frage, was sich ereignet hätte, wäre das Zentrum der russischen Revolution in Petersburg geblieben und nicht von Lenin listig in das mystische und altgläubige Moskau transferiert worden. Kann man sich einen Stalin vorstellen, der von den Ufern der Newa, aus den italo-barocken Palästen Rußland regierte wie Iwan der Schreckliche?

Platons Science-Fiction-Roman

An den letzten Tagen in Madison hatte ich alles gesammelt und beiseite gelegt, was Dions Versuch betraf, in Syrakus die Macht zu übernehmen und dort gewaltsam eine von Platons idealen Städten der Weisheit und Gerechtigkeit zu verwirklichen. Der große Philosoph und Urbanist hatte mehrere zur Auswahl. Es konnte jene namenlose Stadt der Denker, Krieger und, euphemistisch ausgedrückt, Ernährer sein, wie sie im »Staat« beschrieben ist. Oder das Neue Magnesia aus den »Gesetzen«, so verworren und ungenau es auch geschildert ist. Oder, am ehesten, das ritterliche Ur-Athen, dieser mythische Gegenpart zum mythischen Atlantis aus »Timaios« und »Kritias«.

Mehr jedoch als Platons schöne, heldenhafte, aber

ziemlich langweilige Städte des »größeren« und »größten Guten« interessierte mich die Stadt des »kleineren Guten«, die Stadt der verlorenen Tugend, die im Verlauf ihres langen Lebensromans schließlich zu einer Stadt evidenter Verderbtheit entartete: das majestätische und sündige Atlantis. Pikanterweise hat es offenbar auch Platons Phantasie entflammt, so daß die Stadt der Sünde weit lebendiger und attraktiver erscheint als die Stadt der Tugend. Solche Schnitzer passieren auch den strengsten Moralisten, sogar wenn sie heftige Gegner zügelloser poetischer Bilder sind, und sie passieren ihnen erst recht, wenn sie selbst durch den Willen der übermütigen griechischen Götter mit poetischem Gift begabt, das heißt betäubt sind. Aber die ungewollte Inspiration des Schöpfers von Atlantis konnte kein Grund sein, die große Sünderin von Schuld freizusprechen. Die Stadt des Luxus und der Ausschweifung, die Stadt des sorglosen Konsums – wie wir heute sagen würden – bekam am Ende, was sie verdiente, nämlich eine exemplarische Strafe. Und die kam anscheinend eben aus jenem Körnchen, jenem dialektischen »Teilchen des eigenen Untergangs«, wie es Städte, Gesellschaften, Zivilisationen in sich tragen, denen nach dem Willen der Götter bestimmt ist, irgendwann zum Teufel zu gehen. Auf diese schicksalhafte Vorbestimmung weist Platon diskret, aber unzweideutig schon zu Beginn der Geschichte hin. Wenn er die bunte Welt der Insel Atlantis und der Stadt Atlantis von der Gründung bis zum Verschwinden beschreibt, betont er die trügerische Rolle und gefährliche Übermacht des tragisch in dieser bewundernswerten, aber auch erschreckenden hydrologischen, hydrotechnischen Zivilisation verborgenen feuchten Elements.

Die große Insel, genauer ein Inselkontinent, war

durchzogen von einem Netz erst-, zweit- und drittrangiger Kanäle, die der Schiffahrt und der Bewässerung dienten, und am äußersten Punkt, wo das orthogonale Koordinatensystem fast das Meer berührte, befand sich die runde Metropole, der einige Analytiker zehn Millionen Einwohner zuschreiben. Diese Zahl mußte für die Begriffe der Griechen absolut irre erscheinen, die außer Athen, Milet und Syrakus keine größeren Städte hatten und ehrlich über Babylon, Memphis oder Theben staunten, die größten Städte jener Zeit, und keiner dieser Mastodonten hatte wohl mehr als eine halbe Million Bewohner.

Der Kern von Platons runder Großstadt befand sich im idealen Zentrum eines bewundernswert durchdachten und erstaunlich geschickt ausgeführten Systems konzentrischer schiffbarer Verteidigungskanäle. Die weiten Ringe mit ihrem Gemisch aus Salz- und Süßwasser waren zudem durch Tunnel verbunden, die man unter künstlichen Atollen aus Erde gebohrt hatte. So war am Ende das ohnehin wassergetränkte Herz der Stadt auch von großen Wasserspiegeln durchzogen, von Schiffbaubassins, über- und unterirdischen Arsenalen. Eine seltsame Lust an Kriegs- und Wasserbauten, die zumindest ein wenig an die paranoide Architektur der unterirdischen Basen im Zweiten Weltkrieg erinnert. Abgesehen von der zufälligen Ähnlichkeit forderte diese Art technischer Genialität durch eine sozusagen magische Semiotik seit jeher zu welthistorischen, natürlich vor allem besitzergreifenden Unternehmungen heraus.

Im Mark jener hydrologischen Perversion verbarg sich etwas, das noch schlimmer als der Eroberungstrieb war, es verbarg sich die unabsichtliche, vielleicht auch absichtliche Störung des globalen Gleichgewichts zwischen den Ur-Elementen, das in der Natur stets vorhanden sein muß. Das war ein ungewollter oder gewollter Angriff auf die innere Kohäsion der Welt. Die griechischen Götter, sonst recht leichtsinnig und manchmal auch leichtsinnig großherzig gegenüber dem Menschengeschlecht, reagierten äußerst empfindlich. Fehler in der Etikette wurden nicht verziehen und konnten sofort den göttlichen Zorn erregen. Etwas abstrakter gesagt: Im Fall der atlantischen Hydromanie begann eines von Empedokles' Elementen die anderen drei gefährlich zu unterdrücken und zu überflügeln. Eine gottlose Frechheit, die Urvater Poseidon, der wie die anderen Götter um die Einheit der Welt besorgt war, niemals gutheißen konnte. Doch die Kinderchen ließen sich zu sehr hinreißen und vergaßen ihren göttlichen Ahnherrn und die moralisch-kosmischen Pflichten, die er ihnen testamentarisch auferlegt hatte.

Und dann kam der entscheidende Augenblick. Die bunte, prächtige, zügellose Stadt der Wasserkinder brach voller Eroberungsgier und gewaltsam zur überseeischen militärischen Expedition gegen die Stadt der Erdenkinder, das mythische Athen, auf. Und das mythische Athen war im Gegensatz zu Atlantis ein pures Bild der Tugend, Menschlichkeit und Tapferkeit und wirkte vielleicht gerade deshalb äußerst karg, ja deprimierend.

Sie zogen also los, die Wasserkinder, aus mythischen Fernen über mythische Meere, aber nach den akribischen Schilderungen zu schließen, war die Invasion weder mythisch noch symbolisch, sondern ausgesprochen konkret. Sie wurde unterstützt durch eine starke Flotte, die Fußvolk und Reiterei und klobige Belagerungsmaschinen transportierte, ja selbst die lebenden Panzer jener Zeit – für Kriegsaufgaben ausgebildete Elefanten.

Das aufgrund einiger Angaben bei Platon errechnete Verhältnis der Kriegsstärken mochte zwischen 1:100 und 1:1000 zugunsten des Aggressors betragen.

Obwohl so viel schwächer, wehrte die heldenhafte Seite Schlag um Schlag ab und war für einen Moment schon auf halbem Weg, den hoch überlegenen Feind zu bezwingen. Aber damit die Überzeugungskraft der Erzählung nicht litt, rief Platon eine seiner beliebten, periodisch auftretenden kosmischen Katastrophen zu Hilfe und schüttelte die ganze antike Welt, auf deren Beschreibung er sich eingelassen hatte, ordentlich durcheinander. Die Stadt der Sünde und ihre sündigen Wasserkinder gingen zusammen mit ihrem Inselkontinent – wohin sonst – zurück ins Wasser und auf den Meeresgrund. Und das war ihre verdiente Strafe. Aber da der griechische Geist kaum eine Asymmetrie vertragen konnte, selbst wenn sie der göttlichen Gerechtigkeit entsprach, überzog Platon um des kosmischen (und poetischen) Ausgleichs willen die Kinder der Erde mit wilden Gebirgsstürmen und begrub sie unter schrecklichen Schuttlawinen, womit die Ordnung im Kosmos einigermaßen wiederhergestellt war.

Es ist schwer zu begreifen, warum Platon seinen fiktiven Vorfahren, den Kindern aus dem eigenen Land, so leichten Herzens den Sieg verwehrte. Wahrscheinlich fürchtete er Spott ob der majestätischen Absurdität seiner Geschichte. Wenn man jedoch die Fabel etwas gründlicher analysiert, versteht man auch etwas Unausgesprochenes, nämlich daß die Vertreter des tellurischen, also Erdenprinzips in Wahrheit unbesiegt blieben und daß auf diese Weise und ganz paradox die gemeinsame Katastrophe wenigstens zur Hälfte die Ehre der verkörperten Tugend rettete. Was Platon betrifft, so konnte er wie alle phantasiebegabten Schriftsteller die Sache bisweilen heillos verwirren, so daß er, als es mit seiner lehrhaften Induktion bergab ging, innehalten mußte und die geheimnisvolle Geschichte nur noch geheimnisvoller unterbrechen konnte. Sie blieb unvollendet, wie mit einem Messer mitten im Satz zerschnitten.

Daß das »Gute« eindeutig siegen mußte, ist völlig klar. Aber warum das nicht geschah, danach muß man denjenigen fragen, der Atlantis ans Tageslicht brachte, um es dann, als er nicht mehr weiter wußte, auf den Meeresgrund zu schicken.

Zugegeben, ich habe die Legende über Atlantis etwas eigenwillig nacherzählt. Ich habe sie nach den neoplatonischen Kommentaren von Proklos Diadochos, was »Fortsetzer« bedeutet, ausgelegt. Und der Fortsetzer war einer der letzten vornehmen Intellektuellen der Spätantike (412–485). Als altmodisch vernünftiger Mensch hat er den Mythos über Atlantis so begriffen und erklärt, wie es einzig möglich war. Er faßte ihn als philosophische Allegorie auf. Aber die leichtsinnige Menschheit bestand nie aus Kennern von Proklos' Art, und darum ließen sich viele sogenannte Atlantomanen auf halsbrecherische Forschungen und Unternehmungen ein, um dieser zauberhaften (und zauberhaft reichen) Stadt auf die Spur zu kommen, die, wie sie glaubten, noch immer am Grund eines »äußeren« Meeres schmachte und nur auf ihre Entdeckung warte.

Ich persönlich als nicht mehr sehr junger Herr B. B. betäubte mich während der letzten Tage in Madison und in dessen ausgezeichneter Universitätsbibliothek nicht nur mit Tränengas. Ich wälzte die Bücher berühmter deutscher Klassiker des 19. Jahrhunderts auf der Jagd nach jedem Wort und jedem Wink, die sich auf Platons kolossale (und wunderbare) surrealistische Verrücktheit beziehen konnten. Und das noch unter den ungewissen, mal gedämpften, mal sehr lauten, dramatischen Bedingungen der stürmischen späten Sechziger und frühen Siebziger in Europa und Amerika.

Auf Marc Chagalls fliegendem Fahrrad über dem verschütteten New York und dem verschütteten Moskau

Angekommen in Columbus, Ohio, und angeregt durch Platons Geschichte über Atlantis, beschloß ich, eines der realen antiken Stadtdramen herauszuheben und in extenso zu untersuchen. Die Wahl fiel auf das berühmte archäologische Drama um Troja, nicht nur das »vierte«, Homerische, sondern alle neun, so wie sie sich übereinanderlagerten. Man muß nicht daran erinnern, daß die Lokalität Troja, Ilion, Illum, Hisarlik viel mehr Reminiszenzen enthält, als die »Ilias« registrieren konnte. Ähnliche Trojas gab es zu Hunderten, ja Tausenden überall im damaligen Mittelmeerraum. Demnach war ein kollektives Troja aus gesammelten archäologischen

Schichten im Grunde eine Art Enzyklopädie über die Leiden, die Zerstörungen, den Wiederaufbau und die erneute Zerstörung von Städten der Alten Welt. Homers Sublimierung umfaßt also viele, viele, nicht nur griechische Erinnerungen. Und was die Zerstörer betrifft, sie alle verrichteten ihr Werk mit derselben Leidenschaft.

Nach zehn Monaten in den Bibliotheken standen wir schließlich vor den Toren von Manhattan, das uns erschien wie eine mythische Stadt der Städte, wie Atlantis umgeben von Poseidons Reifen aus Salz- und Süßwasser ... Literatur und archäologische Phantasie erwiesen sich wie so häufig als stärker denn jede andere mögliche und unmögliche Realität. Am linken Ufer des New Yorker East River schrieb ich in aller Eile einen meiner Johnnie-Walker-Mini-Essays, und hier zitiere ich tapfer diesen bizarren Bericht:

Manhattan aus der Luft. Vor Augen habe ich noch den in Columbus durchgeblätterten Bericht von Dörpfeld aus dem Jahr 1894, der beschreibt, daß buchstäblich jeder Stein der Trojanischen Burg umgedreht und numeriert wurde ... Ich frage mich, wie eine »Archäologie der Zukunft« aussehen könnte, die ebenso präzise die physische Masse der New Yorker Burg interpretierte. Was sind das für Meister der archäologischen Branche, die aus Bergen von Resten jeden Stein hervorgraben und beschreiben können, jede Stahltraverse, jede Menge und chemische Zusammensetzung untergegangener Glasscherben? Dörpfelds Bericht schildert und definiert die physische Struktur Trojas auf reale Art und Weise. Es gibt jedoch keine Methode, eines fernen Tages etwas ähnliches mit den Resten Manhattans zu tun, außer flüchtig abzuschätzen und sich auf das undankbare

Spiel mit vermuteten statistischen Parametern einzulassen. So bleibt uns nichts übrig, als uns die Archäologen einer dunklen Zukunft vorzustellen, wie sie hilflos um die gewaltige Ruinenstätte der Insel herumflattern. Und das unter den Bedingungen der technischen Erosion und Energieknappheit mit Hilfe eigenhändig gezimmerter Apparate, die durch Windkraft und Arm- und Beinschläge angetrieben werden. Und wie sie bewundernd das betrachten, was unter ihren Füßen beziehungsweise Pedalen ist, und keine Möglichkeit haben, zu ahnen, was unter den dicken Schuttschichten liegt, geschweige denn darin zu graben und es zu erklären.

Ich muß wieder daran erinnern, daß diese Notiz in einer Zeit allgemeiner unterdrückter Unruhe entstand. Die Teilung der Welt in Blöcke war wie eine Wippe auf Messers Schneide. Eine elementare, lautlose, korrosive Angst fraß an den menschlichen Seelen. Die Kubakrise war nicht vergessen, und viele andere Verwicklungen harrten der Klärung. Der Vietnamkrieg tobte, und die Demonstrationen von Pazifisten und Protestierern wurden mit Tränengas und den altbewährten Prügeln auseinandergetrieben. So absurd es klingen mag, diese Zusammenstöße waren für die schwächere Seite, der die Prügel galten, eine Art trotziges Aufatmen. Jedenfalls waren die kleinen zivilen Kriege der Studenten insgesamt eine freundlichere und auch gesündere Form, den Geist der Epoche auszudrücken. Die weit dunklere Seite war der Handel mit menschlicher Angst und Panik. Schundliteratur und einfältige Horrorfilme boten die Schlußakte eines Passionsspiels an, das einstmals Weltuntergang oder wenigstens Untergang des Abendlandes hieß und nun zu einer Art schwarzer futurologischer Liturgie wurde.

Es ist also kein Wunder, wenn sich in einer ganz beiläufigen Notiz Archäologie und »Archäologie der Zukunft« begegnen und das malerische Panorama des verschütteten Manhattan nebst Chagalls fliegenden Fahrrädern auftaucht. Übrigens war das Scherzen mit schwarzhumorigen Szenarien zumindest im Kreis unserer New Yorker Freunde so etwas wie ein Gesellschaftsspiel, eine Patience, vielleicht auch eine Art Psychohygiene. Fast ein Impfstoff. Und da meine Wenigkeit auch schwatzhaft sein kann, bekam die Geschichte vom verschütteten Manhattan eine gewisse Allgemeingültigkeit und das Recht auf gemeinsame weitere Bearbeitung. Wir trafen uns jeden Abend und überflogen unter lautem zustimmendem Gelächter die letzten vorstellbaren Spuren einer gescheiterten Zivilisation. Wir schwatzten in kleinen Restaurants, wobei wir die New Yorker Städtchen wechselten, und deren gibt es im unglücklichen Manhattan wenigstens fünf bis sechs; sie sind wie bescheidene und dennoch kostbare Schachteln in die große New Yorker Kiste gepackt, die voll von allem möglichen ist – Ausgelassenheit und Elend, Schönheit und Häßlichkeit, Dreistigkeit und Nachgiebigkeit.

Das ebenerdige Erlebnis von New York, »dem da unten«, ist ebenso zwiespältig, voller Spannungen und vielleicht gerade deshalb verlockend und berauschend. Und »das da oben«, etwas Unwirkliches, Wolkenkratzerisches, schwebt nur wie ein begleitendes meteorologisches Bühnenbild mit. Es stört nicht durch seinen überheblichen Glanz, sondern verleiht denen da unten ein Gefühl der Unverletzlichkeit.

Ein halbes Jahr später bin ich in Moskau bei einem Fachsymposium, nicht als Teilnehmer, sondern nur als Gast.

Wie immer in Moskau hatten zumindest die Gäste ihre Ruhe. Über den Vietnamkrieg wurde nicht gesprochen. Studentendemonstrationen wären undenkbar gewesen. Es gab auch keine sozialen oder ökologischen Probleme, denn Soziologie und Ökologie waren bourgeoise Hirngespinste. In Moskau waren die Schaufenster ebenso leer wie die Menschen, die erloschenen Lampen glichen.

Dennoch schienen, nach dem Ziel und dem Verlauf der Beratungen zu schließen, Probleme vorhanden. Das Hauptthema: die Ästhetik der Wohnsiedlungen – nicht mehr und nicht weniger. Der wichtigste Aufruf: Kampf gegen die Monotonie. Das Hauptproblem: wie sich von den Stereotypen befreien – besser gesagt, wie sie vertuschen. Die direkte Aufgabe: das Einerlei ein bißchen beleben, den schon projektierten Fassaden eine Sonne oder ein anderes, in bescheidenem Mosaik ausgeführtes optimistisches Motiv beifügen. Das Schreckgespenst der Monotonie war ein viel zu sanftes Wort für all den Jammer des damaligen sowjetischen sozrealistischen Urbanismus, der sich vom sozkapitalistischen weniger durch ideologische Voraussetzungen als durch die niedrigen Standards in Projektierung und Ausführung unterschied. Die stille Verzweiflung meiner Kollegen, ihre Panik, wenn man so sagen darf, war völlig gerechtfertigt. Zumal es unter ihnen sehr begabte und auf eine altmodisch-vorrevolutionäre Art hochgebildete Leute gab.

Jugoslawien hatte damals eine ganz anständige moderne Architektur, die in vielem an westeuropäische Standards heranreichte, und so fühlte ich mich ohne eigene Schuld bei diesem Symposium wie ein weißer Rabe. Und als ich sah, worüber die Unglücklichen debattieren mußten, beschloß ich, ihre Nöte nicht noch zu vergrößern und mich in nichts einzumischen. Dennoch wurde ich in einem Moment gebeten, etwas zu sagen. Um verlogene höfliche Komplimente zu vermeiden, gab ich einige Aspekte aus meinem Buch »Urbanistische Mythologeme« wieder, das vor unserer Abreise nach Amerika erschienen war. In Jugoslawien war es sehr gut aufgenommen worden, obwohl sich ein, zwei diensthabende literarisch-philosophische Panduren mehrmals daran gescheuert hatten wie Schweine an einem Bretterzaun. Ich wußte aber, daß einige Exemplare auch unter den Moskauer Architekten kursierten und sie den Text ohne Rücksicht auf die einheimischen Panduren eifrig lasen, so wie die Serben mit einiger Anstrengung ein russisches Undergroundbuch hätten entziffern können.

Ich begann also nebulös mit der Semiologie von Stadtplänen und erklärte, was sich herauslesen ließ. Dann stellte ich hochtrabende, obwohl im Wesen berechtigte rhetorische Fragen (die möglichen Antworten gehörten auf das Gebiet der Poetik!): Wird man aufgrund der Pläne heutiger sozialistischer oder nichtsozialistischer Städte jemals etwas über uns, unsere Sicht und unser Verständnis der Welt lesen können? Wird es in unseren Diagrammen so viele Informationen geben, wie sie bisher in den archäologischen Fundstätten phönizischer, persischer, mesopotamischer oder chinesischer Städte dechiffriert wurden? Läßt sich eine kleine Spur höherer und höchster eschatologischer Spekulationen erahnen? Ich wagte sogar, ein paar Worte über die archäologische Verantwortung heutiger Architekten vor den unbekannten »Lesern« der Reste unserer Städte in einer fernen Zukunft zu sagen.

Ich kam ins Schwatzen wie mit den Freunden aus Madison oder Greenwich Village. Allerdings erinnere ich mich nicht, ob auch das lustige geflügelte Fahrrad erwähnt wurde, das unbeholfen über die Ruinenstätten der Groß- und Monsterstädte dahinfliegt. Aber auch ohne diese skandalöse Beigabe redete ich, wie ich einsehen mußte, am Thema vorbei. Ein eisiger Hauch wehte mir aus dem Saal entgegen. Der Beifall war lau, und dann trat nach geflüsterter Absprache mit dem Präsidium ein guter Freund von mir ans Rednerpult, ein junger Akademiker und führender Architekturtheoretiker, eine repräsentative Erscheinung mit adeligem Familiennamen, ein Exportartikel. Er verschluckte seine Worte und spülte sie vor lauter Aufregung mit viel Wasser hinunter. Er mußte alles Erforderliche deklamieren, ohne es sich völlig mit mir zu verderben.

»Unser verehrter Bogdan Bogdanović wird natürlich akzeptieren, daß man über die Zukunft nicht so leichtfertig urteilen und sprechen kann, wie er das tut …« So etwa: Unser Freund ist heute mit dem linken Fuß zuerst aufgestanden (vielleicht war ich das, denn wir hatten in der Nacht auf russische Art zusammengesessen) und hat die notorische Wahrheit aus dem Blick verloren, daß wir (das zauberische Wir, die mystische Substanz einer besseren neuen Welt) nicht nur für das unmittelbare Morgen bauen, sondern für die echte, große und endgültige Zukunft in ihren letzten dialektischen beziehungsweise historisch-materialistischen Konsequenzen. Also … für die Ewigkeit, für das Ende der Geschichte … vorwärts!

Sehr schön! Ich hatte die Ehre, höflich, aber sehr entschieden ideologisch ermahnt zu werden. Mir fiel ein, daß vor gar nicht langer Zeit mit ähnlicher kameradschaftlicher Kritik die Erosion vieler Ideen und Werke und menschlicher Einzelschicksale begonnen hatte. Ich war wütend, weniger auf meinen unglücklichen Freund als auf mich selbst, weil ich mich zur Teilnahme an dieser depressiven Versammlung bereitgefunden hatte. Doch ich wußte schon, wie ich mit dem Theoretiker zu Rande kam. Er erwartete mich im Halbdunkel der leeren Garderobe, noch immer sichtlich erregt, noch immer mit trockenen Lippen – der Ärmste war Diabetiker:

»Du bist nicht böse, Bogdan?« Es verstand sich, daß man im Namen dauerhafter Freundschaft die Dinge aussprechen und rechtzeitig klären mußte.

»Du bist nicht böse, nicht wahr?«

»Wirklich nicht, aber vielleicht du, Oleg?«

Er erschrak. »Warum sollte ich?«

»Weil ich morgen abreise, mein Lieber, und du hierbleibst!«

Mit kehliger Stimme voll russischer Tragik jammerte er: »Bogdan, Bogdan, du bist ein grausamer Mensch!«

Wenig später erzählte ich am Ende einer Vorlesung über die Symbolik archaischer Stadtpläne meinen Studenten zum Vergnügen die Geschichte von meinem Luftfahrrad und wie es mir seinetwegen ergangen war ... als sich ein einschmeichelnder lyrischer Bariton, falls es so etwas gibt, zu Wort meldete:

»Mein Gott, Professor, haben Ihnen denn Mama und Papa nicht gesagt, daß man in Moskau keine Witze aus New York erzählen darf?«

Über das synästhetische Erlebnis der Stadt

In Algier hatte ich einmal Gelegenheit, ein mediterranes Herrenhaus, das ein arabischer Würdenträger vor langer Zeit für seine blinde Tochter errichtet hatte, zu besuchen und gründlich zu studieren.

»Der Wunderpalast war introvertiert« – so begann ich den Bericht über mein Erlebnis – »also nach innen gerichtet. Und in diesem Inneren verbarg sich selbst für uns, die wir glauben, alles sehen zu können, was man sehen muß, eine ganze unentdeckte Welt. Die Räume waren markiert durch den Klang vieler Springbrunnen, die unterschiedliche Melodien hervorbrachten, und klug durchdachte Anlagen für den rhythmischen Abfluß des Wassers unterstützten das gesamte Klangbild. Der Gehörsinn ermöglichte der Schönen, sich ohne Schwierigkeiten durch die Innenhöfe und Laubengänge zu bewegen, die höheren und niedrigeren, sonnigen und schattigen Arkaden zu passieren, die von den Baumeistern so eingerichtet waren, daß sie das Echo ihrer Schritte wiedergaben. Auf diese Weise erkannte sie die Wege und Pfade, die ›Straßen‹, ›Boulevards‹ und ›Plätze‹ ihrer unsichtbaren Stadt. Wahrscheinlich kam sie ihr viel größer vor, als sie in Wirklichkeit war. Die Vorstellung von den realen und irrealen Dimensionen ergänzte die wärmere oder kühlere Abstrahlung der Steinmauern, und das Mädchen entdeckte sozusagen mit ihrem Atem die Fülle, Tiefe oder Leere des Raums.«

Ich vergaß auch nicht, die kaum spürbaren Gerüche des auf unterschiedliche Weise bearbeiteten Steins zu erwähnen. Und zwar die morgendlichen, mittäglichen und mitternächtlichen Gerüche. Ich erinnerte meine Zuhörer auch an die aromatische Ausstrahlung der afroasiatischen hölzernen Bauelemente. Der Kyparissos aus Kilikien trägt auch in geschnitzter Form den Abdruck seiner heimischen Duftlandschaft, und die Zeder aus dem Libanon erzählt dem Geruchssinn nicht dieselbe Geschichte wie die Zeder vom Atlas, und auch bei ihr ist es nicht egal, ob sie auf der mediterranen oder auf der atlantischen Seite des Gebirgsmassivs gefällt wurde.

Die Zuhörer waren ganz still, und ich entschloß mich zu einem kleinen Scherz: »Sie spitzen die Ohren, um zu sehen, wohin wir gelangt sind?«

»Wir spitzen die Ohren, um zu sehen, wie die Zeder aus dem Libanon dem Geruchssinn etwas erzählt, und wir versuchen zu begreifen, daß der Stein kaum hörbare Gerüche verströmt, und daß die Gerüche oder Klänge oder der bittere Geschmack auf der Zungenspitze die Fülle oder Leere des unberührbaren Raums anzeigen.

Alles in allem haben wir da ein schönes Bukett sprachlicher Unlogik!« rief ein wahrheitsliebendes und etwas zerzaustes pausbäckiges Mädchen, mit dem Mama und Papa wohl trotzdem keine Verständigungsprobleme hatten.

»Wir sind bei der Synästhesie angelangt!« rief noch lauter ein Bariton aus den oberen Reihen des Amphitheaters.

Bis auf einige Anhängerinnen oder Anhänger einer festen patriarchalen Ordnung unter Dingen und Menschen war die Generation, der ich die Synästhesie des Stadterlebnisses nahezubringen versuchte, schon vom Zauberstab der Hippieromantik berührt. Sie zeigte eine außergewöhnliche, vielleicht ein wenig überreizte Neigung für sich kreuzende Sinnesempfindungen. Diesen Blumenkindern die synästhetische Rezeption der Welt zu erklären und sie im Namen der formalen Logik zu rechtfertigen, war ebenso überflüssig, ja lächerlich, als wollte man einer Kröte den Weg zum Tümpel zeigen.

Dennoch fragte ich:

»Sie wissen also, was Synästhesie ist?«

»Den Klang sehen!«

»Das Licht hören!«

»Den Geruch fühlen!«

»Die Leere schmecken, die Luft schlucken, ersticken!«

Ein kluges Kind aus der ersten Reihe erklärte die Sache etwas genauer: »Skrjabin, das Farbenklavier, l'audition colorée ...« Und dann rollten wie von einem Berggipfel Rimbauds Vokale in leichter Abwandlung:

A wie schwarz, E wie weiß,

I wie rot, U wie grün,

O so blau wie das Meer!

Obwohl ich den Studenten ungern widersprach, protestierte ich heftig, weil ich schon seit der Zeit, als ich noch keine geschriebenen Buchstaben kannte, den Laut A ganz deutlich als weißen Schatten im Gehör sah. Das E erschien mir blaßblau-grünlich. Das I gelb wie Honig, das U düster braun, das O brandrot. Ich protestierte, weil jeder das Recht auf sein eigenes Spektrum der Selbstlaute hat, und als ich das offenbarte, begann der Saal zu summen vor lauter A-E-I-O-U und dem, was wer in welchem Zeichen erblickte. Schließlich gelang es mir, zum Anfang des Gesprächs zurückzukehren:

»Die irreale und dennoch existente oder vielleicht reale, aber nichtexistente Stadt des blinden Mädchens war mit dem Gesichtssinn nicht zu erfassen. Sie fand sich darin zurecht, indem sie Gehör und Tastsinn, Geruchssinn und Gehör, Geruchs- und Tastsinn miteinander verband. Das war eine Art Kommunikation mit der Umgebung, die wir ›Augenmenschen‹, die täglich ihren Gesichtssinn mißbrauchen, uns kaum vorstellen können. Darum wohl vergessen wir so leicht, daß das visuelle Bild nie komplett wäre ohne die Mitwirkung der auditiven, taktilen, olfaktorischen Bilder. Aber sie alle zusammen oder in unterschiedlichen Kombinationen ermöglichen es, eine Stadt in der Totale zu sehen.«

Nachdem ich meiner Verpflichtung gegenüber Wissenschaft und wissenschaftlicher Weltanschauung genüge getan hatte, versuchte ich das auch mit der Philosophie. Ich forderte meine Studenten feierlich dazu auf, sich für einen Moment von allen anderen Sinneseindrücken zu lösen und nur in der »Phantasie des Gehörs« die Städte aufzusuchen, an die sie sich am besten erinnerten und die sie liebten. Ich präzisierte, daß ich jetzt nur an edle Klänge, also an Musik dachte und wies darauf hin, daß es eine Art von den Göttern bestätigten Vertrag zwischen Musik und Stadt gibt oder irgendwann gab.

»Also Sie meinen nicht Eselsgeschrei oder Kräne oder Preßlufthämmer«, vergewisserte sich Mamas und Papas Pausbäckchen.

»Natürlich nicht.« Ich verneigte mich leicht. »Sehen Sie nur, wie die Orgelbaumeister in Rouen, Perpignan oder Lübeck versuchten, symbolisch die Idee von der Verwandtschaft zwischen musikalischer Harmonie und städtischer Weisheit zu betonen. Das war übrigens schon für Platon eine Obsession, welche die Orgelbauer aufgriffen, so daß sie sich ihre Instrumente meist in den Umrissen von Städten zwischen Himmel und Erde vorstellten. Oder auch genau umgekehrt. Die barocken Meisterorganisten leiteten aus den stadtförmigen Instrumenten wunderbare Klangkonstruktionen ab, verflochten und entwickelten sie nach dem Prinzip des Kontrapunkts. Und der Kontrapunkt, wie Sie wissen, gilt in Musik und Architektur gleichermaßen …«

»Auge und Ohr, Gesicht und Gehör. Wo sind die anderen Sinne?«

»Bitte schön, es gibt eine prachtvolle, aber auch absurde Verständigung zwischen dem Gesicht und den anderen menschlichen Sinnen … Vielleicht auch ein Mißverständnis. Ein allerdings etwas dubioses Beispiel. Das könnte unsere verehrte Signora Venezia sein. Empfängt nicht diese vornehme, pompöse, etwas rheumatische Dame an den Lagunen und Kanälen ihre Gäste besonders im Winter mit einem Hauch von teurer und dennoch fader Kosmetik?«

»Lippenstift und alte Spitzen … wirklich delikat!« meinte Papas und Mamas Quälgeist.

Der Einwurf war nicht ganz deplaziert, drohte aber

das Beispiel drastischer ausfallen zu lassen, als ich gewollt hatte. Ich brach die Sache übers Knie, wenn auch streng wissenschaftlich: »Versuchen wir das Zusammenwirken von Gesicht und Geruch, dieses visuell-olfaktorische Doppelzeichen an einem weniger heiklen Beispiel darzustellen. Sehen und riechen Sie etwa die trockene Augustluft in Florenz. Atmen Sie sie ein! Sie beißt ein bißchen in den Nasenlöchern, nicht wahr? Sie ist nämlich gesättigt mit den feinsten Silikatdüften der alten Steine, und manchmal mag es scheinen, als schwebte die ganze Stadt im Nebel eines fast immateriellen Staubs. Vielleicht ist es derselbe, dessen malvenfarbenen Schimmer wir von den Bildern der florentinischen Meister kennen ...«

»Also: Licht, Berührung, Geruch ... wieder eine Triade!«

»Ja, aber in anderer Auswahl und Anordnung. Übrigens sind viel mehr Kombinationen möglich, als man gemeinhin denkt. Nehmen wir zum Beispiel Bologna. Auch diese Stadt hat ihre sinnliche Triade, in der die Klänge eine besondere Rolle spielen. Das sind ganz eigenartige Klänge, die wir nur vernehmen, wenn wir uns für einen Augenblick von unserer alltäglichen Erscheinung lösen und der längst verlorenen Weisheit der eigenen Schritte nachlauschen. Natürlich ist das nur nachts möglich, wenn der Autolärm vorüber ist, dieses Sausen und Brausen, Summen und Brummen, das Knirschen und Knarren, das Pfeifen und Zischen, und wenn unter den Arkaden nur noch Schritte widerhallen. Das bist dann du, teurer Bruder! Nur du und kein anderer! Und Bologna antwortet dir mit deinem und nur deinem Klangbild. Die Erklärung liegt darin, daß die Stadt so viele Arkaden hat. Und was man von diesen Arkaden in

Erinnerung behält – obwohl dem Auge tagsüber so viel Schönes geboten wird –, ist eben das Geschenk an den Gehörsinn: die Stimme, mit der die Stadt den einzelnen Menschen anspricht.«

»Ich gehe nach Bologna«, seufzte ein Stimmchen.

»Ich glaube, daß Bologna, diese Stadt der Weisheit, es niemals nötig hatte, sich zu beweisen oder sich aufzudrängen. Vielleicht deshalb erinnert sie an einen abgeklärten, etwas zerstreuten Professor in einem Jackett aus gutem, aber abgetragenem Tweed, an einen ›Prof‹, dem es weit wichtiger ist, wie er sich fühlt, als wie er aussieht.«

Die Geschichte über Bologna hatte die Studenten wohl mitgerissen, so daß ich meine Predigt ruhig fortsetzen konnte.

»Denn, meine Damen und Herren, dieses saloppe und zerstreute Bologna, das vergessen hat, seine herrliche Kathedrale zu vollenden, hat eine Menge schattiger Spazierwege geschaffen mit tiefen, kühlen, immer etwas feuchten Innenhöfen, aus denen die erfrischte Luft nach außen strömt. Zweifellos eine sinnige Klimaanlage, wie sie keine zweite Stadt auf der Welt hat und die, wie ich meine, bis heute keine Wattsekunde Energie verbraucht hat … Das prachtvolle Venedig hat leider einen schlechten Geruch. Die Luft des schönen Florenz beißt immer in der Nase, weil sie mit trockenem Staub gesättigt ist …«

»… wie wir bereits sagten!« ergänzte in meinem Namen Fräulein Pausback.

Ägypten im Herbst vor einem Vierteljahrhundert

Meine dritte Reise nach Ägypten unternahm ich Mitte der siebziger Jahre mit meinem Freund Herodot in der Tasche. Buchstäblich, denn es handelte sich um eine Taschenbuchausgabe seiner »Histories«. Wenn man mit einem alten Freund reist, dann sind auch alte Erinnerungen dabei. So begann ich meine abschließende ägyptische Expedition mit einem Nachdenken darüber, was mich als Kind bei Herodot besonders beeindruckt haben mußte. Das waren anscheinend die malerischen Schilderungen des Katzen- und Hundekults. Noch glaubte ich, im Ohr den Klang der berühmten Stadt Bubastis zu haben, der an eine solide, mittelgroße Katze erinnerte.

Der Weg von Alexandria durch das Delta führte, soweit das in der Dämmerung hinter dem Lenkrad zu erkennen war, am westlichen Rand eines riesigen dreieckigen Labyrinths aus Hainen, Erde und Wasser entlang. Und Bubastis, falls etwas davon in die moderne Zeit herübergerettet war, konnte sich nur in der anderen Hälfte des abstrakten Dreiecks befinden. Bei meinem ersten Besuch in Ägypten Anfang der Sechziger, als ich mit einer Gruppe Jugo-Touristen von Kairo nach Ismailia und Suez gefahren wurde, fragte ich den Reiseleiter vergeblich, ob wir vielleicht an Herodots berühmter Stadt der heiligen Katzen vorüberkommen würden, dem heutigen Tell Basta, das offenbar nicht einmal mehr den Rang eines gewöhnlichen Kuhdorfs hatte. Der ägyptische Guide sah mich verächtlich an, also war klar, daß er nie von der Geschichte über die Stadt der einbalsamierten Katzen gehört hatte. In der Zeit, die ich beschreibe – als ich etwas Geld und genug Zeit hatte, mich herumzutreiben, wo ich wollte –, wagte ich nicht, von der Hauptroute abzuweichen. Ich hatte Angst vor der Fahrt durch das Delta und mochte mich nach einer durchwachten Nacht nicht auf die Suche nach den Überresten der heiligen Stadt der Göttin Bast oder Bastet machen.

Dieser riskante Ausflug war übrigens gar nicht nötig, denn man konnte der Göttin schon auf einer Wiese vor dem ersten Motel oder an einer Tankstelle begegnen. Auf improvisierten Ladentischen standen ihre Miniaturstatuetten aus falschem Malachit, der eher an eine grünliche Rasierseife erinnerte als an einen edlen Stein. Doch sie war es zweifellos, die namensgebende Herrscherin der Stadt Bubastis, die Zauberin des kleinen (Liebes-?)Feuers, bekannt als »Kleine Katze« beziehungsweise Mau oder Mew – im Unterschied zu ihrer Schwester Sachmet, der Vertreterin des großen Feuers und

Herrscherin aller ägyptischen Löwinnen. Die Figürchen waren sichtlich von der Hand eines Dorfkünstlers geschnitzt und phosphoreszierten fast im grünlichen Licht der Karbidlampen. Diese Beleuchtung betonte noch ihre Sinnlichkeit, die – das war auf den ersten Blick zu erkennen – so einfältig herausfordernd war wie Brigitte Bardot, die einstige Filmkatze Nummer eins, deren Ruhm allerdings in Europa schon längst verblüht war.

So zufällig die Episode mit der neukomponierten Göttin Bastet-Bardot war, und so frivol ihr Sinn erschien, sie paßte ausgezeichnet zum Hauptziel meiner Reise. Ich fragte mich, was wer gewann oder verlor, wenn sich traditionelle, ja längst verschwundene Kulturen mit den kulturellen und parakulturellen Modellen einer modernen hochtechnisierten und oberflächlich überinformierten Zivilisation mischten, die sich leichtsinnig auf unerträgliche Vereinfachungen und Unterstellungen der Medien stützt.

Das Ziel meiner dritten Ägyptenreise war freilich nicht die Jagd auf heilige Katzen in den feuchten Hainen des Nildeltas, sondern die Vorbereitung auf einen Vorlesungszyklus für postgraduale Hörer an der Architekturfakultät in Belgrad zum Thema »Zeitgenössische Architektur und Urbanismus als Faktoren der Kulturzerstörung«. Das meinte: der Faktor der Kulturzerstörung in der sogenannten dritten Welt. Für Titos damalige Politik war das eine etwas ungeeignete Definition, aber den klügeren Köpfen im damaligen jugoslawischen außenpolitischen Establishment war klar, worum es ging. Und da sie über die Degradierung der dritten Welt viel mehr wußten als ich, regte sich niemand auf.

Eigentlich hatte ich ein ergänzendes Mini-Programm im Sinn. Ich wollte die ersten Folgen des gerade von

Nasser und den Russen vollendeten Vorhabens mit dem Stau des Nils bei Assuan in Augenschein nehmen. Das tausendjährige Leben und die natürlichen Rhythmen des Stroms waren von Grund auf verändert. Was dieser fast kosmische Eingriff für die Zukunft bedeuten konnte, blieb künftigen Jahrzehnten zur Einschätzung vorbehalten. Die Veränderungen konnten weitreichend, ja schicksalhaft sein, und man brauchte keine prophetischen Gaben zu besitzen, um vorherzusehen, daß sich diese ergänzende »Demiurgie« katastrophal auf das Leben und die Entwicklung der Städte, auf die Gewohnheiten der Städtebauer auswirken würde – von der Ökologie ganz zu schweigen.

Es war unvermeidlich und interessant, während der Fahrpausen in Herodot zu blättern. Nur um ein wenig in die Vorgeschichte des Problems einzudringen, da der griechische Autor mißtrauisch und sehr kritisch war und sich nicht so leicht Phantasien über Ägypten, seinen göttlichen Strom und die Ursachen seiner regelmäßigen Überschwemmungen hingab. Und das noch zur Unzeit, in der Trockenperiode des Frühsommers, wenn der Nil die Schleusen öffnet, das schwarze Wasser von unten heraufdrängt und die Erde zu schwitzen beginnt wie im Fieber. Herodot konnte das Rätsel nicht lösen, ebensowenig wie Thales vor ihm, Platon und Aristoteles nach ihm und Heliodor noch viel später.

Dafür beschrieb der griechische Reisende und Historiker luzid und akribisch die Prozesse der ursprünglichen Urbanisierung, die nicht zu trennen sind von den sehr komplizierten hydrotechnischen Eingriffen. Durch beharrliche Aufschüttungen wurden künstliche Postamente für Städte jenseits der Reichweite des Wassers geschaffen. Herodot wäre indes nicht Herodot, hätte er sich nicht hin und wieder auch der Poesie der Beschreibung hingegeben. Er durchreiste Ägypten im Juni, zur Überschwemmungszeit, und hatte die ganze erstaunliche Schönheit dieses fast kosmischen Monster-Happenings vor Augen. Er bewunderte die dichtbevölkerten, reichen und bunten Städte über den riesigen Wasserspiegeln, und seine Schilderungen mahnen heute an zauberhafte Farbfotos oder noch eher an Aquarelle!

Wenn nun der Nil das Land überschwemmt, so ragen nur die Städte über dem Wasser hervor, fast wie die Inseln in unserem Aigaiischen Meere. Das ganze ägyptische Land mit Ausnahme der Städte ist offenes Meer. Man fährt denn auch zu dieser Zeit nicht im Strombett, sondern mitten über die Felder. Will man zum Beispiel von Naukratis nach Memphis fahren, so fährt man dicht an den Pyramiden vorbei, obwohl das nicht der Flußweg ist, der vielmehr an der Deltaspitze und der Stadt Kerkasoros vorüberführt. Und wenn man von der Küste bei Kanobos nach Naukratis gelangen will, so fährt man quer über das Land an der Stadt Anthylla und der Stadt des Archandros vorüber.
(Herodot: Historien, übersetzt von August Horneffer, Kröners Taschenausgabe, Band 224, 4. Auflage 1971, Seite 139, Alfred Kröner Verlag Stuttgart)

Natürlich geht es nicht nur um Poesie als solche. Der mathematisch, ja astronomisch exakte, dennoch in seiner Zeit ganz unerklärliche Lebensroman des großen Flusses gab wie sein mysteriöser Ursprung in der Tiefe des afrikanischen Kontinents den Überschwemmungszyklen eine höhere mythische Bedeutung. Wie so viele andere antike Autoren hypostasiert Herodot ungewollt die Eigenschaften des Nils, und manchmal, wenn er sich vergißt, spricht er über den großen Fluß wie über ein Lebewesen, das nicht nur seinen Biorhythmus hat, sondern auch seine Angewohnheiten, seine Launen und bisweilen ein bißchen freien Willen.

Während meines dritten und letzten Besuchs in Ägypten vor einem Vierteljahrhundert folgte der Weg von der Küste bis nach Assuan dem Lauf des Nils – des heutigen, nicht des von Herodot beschriebenen – gute tausend Kilometer. Mein Fahrzeug (ein Citroën 2 CV), dieser treue Blechkamerad, dieser Johnnie Walker unter den Autos, kroch langsam den großen Fluß entlang, der uns noch langsamer entgegenkam: Das zyklopische Ungeheuer bei Assuan hatte den Fluß definitiv von seiner wahren Kraft getrennt, seinem Ka, seiner metaphysischen Substanz, um seine verborgene Energie leichtsinnig in sehr profane und nicht gerade billige Elektrizität zu verwandeln. Hesiods Gott Neilos verlor dabei seinen erhabenen Charakter und seine übernatürliche Schönheit und wurde zu einem depressiv sich hinwälzenden, schmutzigen, stellenweise giftigen Gewässer. In seinem neuen Zustand pulsiert der Fluß nicht nur nicht mehr in jährlichen Abständen wie einst, sondern er pulsiert überhaupt nicht, man würde sogar sagen, daß er nicht mehr atmet.

Die einzig verbliebene ungewöhnliche Eigenschaft, die wenigstens scheinbar an die alten Rätsel erinnerte, war, daß die Windungen des Nils, die bei kleineren Flüssen leicht zu erkennen sind, hier überhaupt nicht sichtbar waren. Der Nil ist so breit und die Halbmesser der Biegungen so groß, daß sein Lauf pfeilgerade anmutet. Das einzig Auffallende während der Fahrt war, daß die Sonne ihren Standort wechselte und mal von rechts, mal von links schien, als würde sie übers Wasser springen.

Übrigens gingen die alten Ägypter ziemlich liberal mit den Himmelsrichtungen um. Der Nil war die gedachte Erdachse. Und die Tempel am Fluß orientierten sich nicht nach den Himmelsrichtungen, sondern wandten sich fromm dem Fluß zu, egal ob ihnen die Sonne zu Mittag ins Gesicht oder auf den Rücken blickte oder sie von der Seite anstrahlte.

Zwischen dem improvisierten Ladentisch mit den Karbidlampen und den geschnitzten Statuetten der Göttin Bast-Bastet-Bardot bis zum Assuan-Staudamm – zwischen diesen beiden Errungenschaften der zeitgenössischen Kulturzerstörung – reihten sich am Nil mindestens fünfzig Städte; auch solche, die auf eine komische und ein wenig traurige Weise eine Stadt simulierten. Der Luxus städtischer Überzeugungskraft war für Kairo, Alexandria und einige prosperierende Ansiedlungen im Delta reserviert. Entlang der ausgedehnten und monotonen Straße wechselten und vermischten sich stadtähnliche Massen aus trockenem Schlamm und Beton. Die bescheidenen, ruhigen, bisweilen auch visuell einladenden Formen der traditionellen ebenerdigen Architektur boten mit den gefäßartigen Häusern aus Nilschlamm, Ziegeln, Mörtel, Lehmsteinen eine ganze Skala von Möglichkeiten malerischen Bauens beziehungsweise Modellierens. Leider wiesen die importierten Betonkästen keinen Formenreichtum auf, den man schildern könnte.

Noch einmal war am ägyptischen Beispiel festzustellen, daß in der Welt der Architektur eine tiefe innere Verbindung zwischen Wortreichtum und Formenreichtum besteht. Wo die Formen die sprachliche Phantasie anregen, findet sich auch das treffende Wort. Vielleicht auch umgekehrt. Wo das Wort die Phantasie des Baumeisters anregt, findet sich auch die architektonische

Form, die ihm recht gibt! Jene Art »moderner« Architektur indes, die man im Niltal sehen konnte, stammte aus einer sehr reduzierten architektonischen Sprache und ließ keine Möglichkeit, etwas Gescheites über sie zu sagen. Es war nur eine ägyptische Version einer internationalen, zur sprachlosen Architektur herabgeminderten architektonischen Koine. Das fand ich besonders bei den Fahrpausen bestätigt, als sich von dem, was ich vor Augen hatte, nicht nur keine Zeichnung, sondern trotz aller Tricks der Weitwinkel- und Teleobjektive auch kein reizvolles Foto machen ließ.

Diese Art sogenannter moderner, in der Regel technisch sehr schlecht realisierter Architektur wurde häufig leider zur Farce. Wären die Mißverständnisse nicht so traurig häßlich gewesen, hätte man sie auch als rohen, ja grausamen Humor auffassen können. Ich meine die fernen Anklänge an Bauhaus- und CIAM-Formen, die durch die Hände schlecht ausgebildeter Architekten, Techniker und Gestalter, Poliere, Maurer und Zimmerleute gingen. Wie so häufig davor und danach erwiesen sich die westlichen Formeln als nicht anwendbar oder, noch schlimmer, sie erwiesen sich in entstellter Gestalt als sehr anwendbar. Also konnte man in den Grauzonen der dritten Welt wie in Ägypten viele verpfuschte Werke unseres Berufsstands wie auch seiner dienstbaren Philosophie entdecken.

Auch im Niltal gab es etwas zu sehen. Zum Beispiel breite schwedische Fenster in lokaler, sehr schiefer Ausführung. Einige ließen sich sogar öffnen und schließen, doch das war überflüssiger Luxus, weil sie wegen der Hitze nicht selten unverglast waren. Es gab jede Menge Loggien, Terrassen, Balkons, die kaum jemand zu betreten wagte, so wackelig waren sie. Und die anderen, ohne vorherige statische Berechnung aus Beton gegossenen, hielten mit Gottes Hilfe. Es gab Spuren vergeblicher Versuche, sich durch die einst beliebten Brise-soleil-Systeme vor der Sonne zu schützen, die aber, statt die Hitze abzuwehren, zu unerwünschten Wärmekollektoren wurden. Sie sogen die Hitze tagsüber in sich auf, um sie dann in der Nacht, wenn man mit einem wohltuenden Lüftchen rechnen konnte, wieder abzustrahlen. Übrigens war diese euro-brasilianische Modetorheit der fünfziger Jahre dort, wo man sie erfunden hatte, längst aufgegeben und vergessen worden. Aber hier in der dritten Welt vervollständigte sie das Repertoire sinnloser architektonisch-magischer Fetische. Im Vergleich zu dem trotz schlechter Erfahrungen unvernünftigen Streben nach Modernität wirkte das Innere der traditionellen Lehmhütten, vor allem wenn sie vertikale Dachkanäle, also eine Art spontaner Klimatisierung hatten, nicht selten paradiesisch angenehm.

Die Fahrt von Alexandria nach Assuan trat ich mit dem festen Entschluß an, den berühmten Lokalitäten auszuweichen und die prachtvollen Objekte zu vergessen, derentwegen man normalerweise diese Weltgegend bereist. Also Giseh, Memphis, Sakkara, Karnak und sogar Luxor, das man nicht so leicht links liegen läßt. Aber als ich mich im Gebiet von Theben befand, überkam mich der ungeduldige Wunsch, über das trübe Wasser zu setzen und Dêr Al Bahari aufzusuchen. Warum, ist klar. Ich wollte noch einmal den Tempel der Königin Hatschepsut sehen. Es geht dabei um eines meiner fünf, sechs Bauwerke, die mich unwiderstehlich an Städte zwischen Himmel und Erde, an Städte in den Wolken erinnern. Der vorherige Besuch war nicht sehr glücklich ausgefallen. Die vielen erschöpften Neugierigen, die verzweifelte Falsettstimme des Reiseleiters, die Müdigkeit derer, an die er sich wandte und die ihm nicht zuhörten. Diesmal war alles anders: die Sonne im Zenit, unerträgliche Hitze, absolute Stille – nirgends Touristen oder Konservatoren oder Arbeiter.

Dennoch begriff ich, daß ich nicht ganz allein war, und dieses Erlebnis war ernst, feierlich, ein wenig auch erschreckend. Um es zu erklären, muß ich noch einen Terminus technicus gebrauchen: Es geht um meine Begegnung mit dem »Mittagsdämon« (vgl. R. Caillois, Les démons de midi«, *Revue de l'histoire des religions*), also die Begegnung mit jenem seltsamen, unsichtbaren, okkulten Wesen, welches das kleinste Reich zwischen Erde und Himmel beherrscht und das sagenhafte nullte Teilchen der Zeit ausfüllt, wenn die Sonne nicht mehr auf- und noch nicht absteigt. Schon die antiken Philosophen haben übrigens erläutert, daß es zwischen diesen beiden Phasen einen Moment der »toten Bewegung« geben muß, einen Augenblick, da alles Lebende auf Erden stillhält, weil es den Punkt der Nichtexistenz-Allexistenz passiert. Alles bleibt stehen: Lüfte, Töne, Worte und Sinn der Worte. Und genau in so einem Ausschnitt der Zeit ohne Zeit, in diesem Krümchen Dauer ohne Dauer war es mir vergönnt, den Dämon am Schwanz zu packen und zufrieden in die Tasche zu stecken.

Ich also mit dem Teufelchen in der Tasche – nein, es war nicht Hoffmanns kartesianisches –, genau zu Mittag, Auge in Auge mit der Ewigkeit. Die Hitze war entsetzlich. Die kolossalen Felsen im Hintergrund der Tempelterrassen gemahnten an glühende versteinerte Wolken, in die man von der Erde und von unter der Erde allmählich und tief eindrang, um am Ende zur vollen physischen und metaphysischen Jenseitigkeit zu gelangen ...

So wenigstens stelle ich es mir vor. Im übrigen ist das phantastische, in den Fels gehauene Bauwerk bekannt genug, und ich brauche es nicht genauer zu beschreiben. Ich erinnere mich nur noch, daß die Königin auf der Baustelle ihres künftigen ewigen Domizils paradoxerweise als »weiblicher König« erschien, weil das damalige staats-theologische Protokoll verlangte, daß sie einen falschen Bart trug und den Osiris spielte. Aber weder mit noch ohne Bart sah sie aus wie Osiris oder Brigitte Bardot. Sie war ein unaufdringlich hübsches Mädchen mit großen, fiebrigen, auf irgendetwas konzentrierten Augen – im Unterschied zu der berühmten Filmkatze B. B. aus den fünfziger Jahren, die mit ebenso großen Augen ins Nichts blickte.

Ich oder vielmehr wir erreichten unseren Rastplatz in erhitztem und benommenem Zustand. Und staubig, bei Gott! Darum beschloß ich, am Nachmittag in meinem ebenerdigen »viktorianischen« Hotel unbestimmter Kategorie ein wenig zu schlafen. Es war auch höchste Zeit für meinen treuen vierbeinigen Blechkameraden, sich ordentlich auszuruhen. An diesem Tag hatte er sich mit eingekniffenem Schwanz dahingeschleppt wie ein verprügelter Hund und bei der Rückfahrt beunruhigende Symptome von Atemnot gezeigt. Auf Reisen wie dieser jagte einem der bloße Gedanke an einen Automechaniker Schauder über den Rücken. Zum Glück lief alles wie vorgesehen, obwohl wir im Morgengrauen erwachten und, was die Motorisierung betrifft, in Gang kamen, mit Müh und Not unsere Rechnung bei dem verschlafenen Hotelgouverneur beglichen und – vielleicht klingt es unglaublich – heiter unseren Weg fortsetzten.

Die Expedition ging langsam zu Ende. Immer seltener hielt ich an und begnügte mich mit Beobachtungen im Vorbeifahren, was mein netter langsamer Vierbeiner sorglos ermöglichte. Und wenn ich schon anhielt, stellte ich ungern den Motor ab, weil ich nicht wußte, ob er danach wieder anspringen würde. Ich hatte auch ein wertvolles Gerät bei mir, ein leichtes Brett aus Lindenholz, das sich mit zwei Schnallen am Lenkrad befestigen ließ, damit zum Zeichentisch wurde und das Fahrzeug zum Atelier machte. Notfalls konnte man die Ente auch zum Schlafraum umfunktionieren.

Zum Zeichnen und Fotografieren gab es immer weniger Anlaß. Auch die Städtchen wurden seltener und glichen eher armen, sehr armen Dörfern. Der Beton selbst erinnerte hier und da an vertrockneten, aschfarbenen (in der Fachsprache: angebrannten) Schlamm. Auch was sich in Mittel- und Unterägypten aus echtem Schlamm noch schön modellieren ließ, wurde, je weiter man nach Süden kam, immer ärmlicher. Die traditionellen Baustoffe – Mörtel (der etwas Holz in den Wänden erfordert), Lehm- und Dachziegel – waren von zunehmend schlechter Qualität. Es war mehr als offensichtlich, daß das steigende Nilwasser, wenn es den künstlichen See verließ, den guten, fetten Schlamm nicht mehr anschwemmte, sondern ihn ins Mittelmeer trug oder, noch schlimmer, am Grund des monumentalen Sees ablagerte und ihm dadurch ein ungewisses Schicksal bereitete. Übrigens zeichnete sich schon deutlich das traurige Los der fruchtbaren Zone am Nil ab. Sie wurde langsam, aber sicher schmaler. Ein gemächlich fahrender Autolenker konnte auch beobachten, wie kränklich die Palmen waren, einige gar unrettbar verdorrt.

Am Ende der düsteren Reise durch Oberägypten tauchte wie ein Miniaturbild des Paradieses die träumerische Landschaft von Assuan und Elephantine auf. Wer sich ein solches Paradies im Kleinen inmitten einer Wüste nicht vorstellen kann, der blicke in einen Reiseführer, und alles wird ihm erklärt, vielleicht mehr als nötig.

Am nächsten Tag eröffnete mir der Besuch an dem ungeheuer großen Hochdamm und dem unabsehbaren, kaum halb mit Wasser gefüllten See unbarmherzig das Bild einer finsteren, swedenborgschen, also nordländischen Hölle im Herzen Afrikas! Ich weiß nicht, ob sich die sibirischen Fachleute hinsichtlich der afrikanischen Sonne verrechnet hatten, ebenso wie ich bis heute nicht weiß, ob die starke Verdunstung zugelassen hat, daß der Wasserstand im See jemals das erwünschte Niveau erreichte. In dem Moment, als ich ihn erblickte, erinnerte ich mich ohne absichtlichen Sarkasmus an Herodots Schilderungen eines uralten, einmaligen hydrotechnischen Unternehmens, von dem kaum etwas übriggeblieben ist:

> So gewaltig aber dies Labyrinth ist, noch größeres Staunen erweckt der sogenannte Moirissee, an dessen Ufer das Labyrinth errichtet ist. Dieser Moirissee hat einen Umfang von 3600 Stadien, nämlich von sechzig Schoinoi, was ebensoviel ist wie die Länge der ganzen ägyptischen Küste. Er zieht sich von Norden nach Süden und ist an der tiefsten Stelle fünfzig Klafter tief. Daß er ein Werk menschlicher Hände und künstlich gegraben ist, sieht man deutlich. Mitten im See stehen nämlich zwei Pyramiden, die fünfzig Klafter hoch aus dem Wasser hervorragen ... Das Wasser in dem See quillt nicht aus dem Boden hervor, denn die Gegend dort ist sehr wasserarm. Es wird durch Kanäle aus dem Nil herbeigeleitet. Sechs Monate strömt es in den See hinein, sechs Monate wieder hinaus in den Nil. (a.a.O., S. 165)

Wurde der Moirissee wirklich von Menschenhand gegraben? Die delikate Frage überläßt man am besten den Ägyptologen. Hat der von Herodot beschriebene See die segensreiche Rolle für die Bewässerung gespielt, die man vom Assuan-Stausee erwartete? Auch diese Frage sei den Historikern und Philosophen der Zivilisation ans Herz gelegt. Tatsache ist jedoch, daß die alten Ägypter einen natürlichen See klug und konsequent durch die Zuleitung von Nilwasser so vergrößerten, daß ihn einige Reiseschriftsteller nach Herodot als »kontinentales Meer« sahen und erlebten. Schließlich bleibt eine Science-fiction-Frage: Was wird von der Kunst des kleinen Meisters Nasser (1918 bis 1970) nach 3000 Jahren übrig sein? Wenigstens soviel Freude für Fischer und Frösche, wie sie ihnen bis heute durch die hydrotechnische Kunst des großen Meisters Amenemhet (1842 bis 1798 a. Chr.) garantiert ist?

Jedenfalls bemühte sich der kleine Meister, sein großes Werk zu verewigen. Nein, es geht nicht um eine aus dem Wasser aufragende Pyramide, sondern um ein vermutlich nach sowjetischem Rezept an einem Stirnpunkt des Damms errichtetes arrogantes Bukett aus spitzen weißen Marmorbetonteilen! Ein Denkmal, das nach allen Regeln des einstigen sowjetischen Optimismus die Höhen, das heißt die Zukunft erstürmt. Es galt ja, ein Zeichen zu setzen. Für den Triumph des bauenden Menschen über die Elemente der Natur ... selbst wenn der Mensch in seiner Dummheit die Natur tötet und sich mit seinen technischen Errungenschaften unfehlbar als moderner Barbar demaskiert.

An das Schicksal der nubischen Denkmäler sollte man besser gar nicht erinnern. Ohne viel Geschrei wurden

Tempelruinen und kostbare Ensembles versenkt. Einige Denkmäler wurden in größeren oder kleineren Teilen an ausländische Museen verschenkt, diese Fragmente werden sich wohl am ehesten erhalten. Andere wurden sorgsam in Blöcke zerschnitten und, sofern sie nicht gleich zerfielen, an neuen Orten außerhalb der Reichweite des Wassers irgendwie wieder zusammengesetzt. Viele dieser Bauwerke wurden dorthin gebracht, wo es am schnellsten und leichtesten möglich war. Und natürlich nicht so katastrophal teuer. Manche Gebäude fanden sich plötzlich in einer neuen, zufälligen Umgebung; sie wurden in bezug auf die Himmelsrichtung, die Bahnen der Himmelskörper, die Sonneneinstrahlung, die Schatten und Winde »dekosmisiert«. Sie verloren ihr metaphysisches Wesen, ihr jenseitiges Substitut, ihr Ka – und das ist gerade jene unfaßbare Substanz, für die der ägyptische religiöse Gedanke so empfänglich war. Schon ein oberflächlicher Blick auf die archaischen Religionssysteme weist auf die unumstößliche Wahrheit hin, daß derselbe Gegenstand, dasselbe rituelle Spielzeug, ein auserwählter Stein, ein ganzes Gebäude an einem Ort und in einer Lage ein Heiligtum – eine Res sacra – sein kann, es in einer anderen Lage jedoch, an einem neuen Ort nicht mehr sein muß, sondern sich zu etwas ganz anderem wandeln kann, zu einer alltäglichen Form ohne übertragene Bedeutung – zu einer Res profana.

Die Gleichgültigkeit des modernen Menschen für solche verborgenen Bedeutungsschichten wurde bei der Übersiedlung der berühmten »Gruppenformen« im Felsentempel von Abu Simbel offenbar. Zu Beginn und im Verlauf der sechziger Jahre unternahm die Unesco große Anstrengungen, um die beiden grandiosen Denkmäler vor dem Wasser zu retten und unter gewaltigem finanziellem und technischem Aufwand um mehr als sechzig Meter nach oben zu versetzen. Die berühmtesten internationalen Baufirmen taten, was sie konnten. Punkt für Punkt und unter der Kontrolle astronomisch genauer Instrumente gelangte alles an seinen neuen Standort.

Und so fand sich die uralte Skulpturengruppe in völlig neuer, heute würde man sagen »postmoderner« Umgebung. Also die vier Statuen »Ramses, die Sonne der Herrscher«, der »Herrscher der beiden Länder« und auf der anderen Seite der »Geliebte des Amun« und »Geliebte des Atum«. An dem neuen Ort sehen die Göttergestalten in der Rolle göttlicher Puppen allerdings etwas verwirrt aus, fast verschämt in ihrem falschen Status. Die Könige als Götter, und die Götter, die Könige aufnehmen, wirken leider so, als kämen ihre Gewänder gerade aus der chemischen Reinigung … Alles vollzählig, alles da, wo es sein muß, alles bis auf den Millimeter in Originalgröße, und dennoch ist nichts, was es war, denn die göttlichen Bilder wurden zu offensichtlich von ihrem Ka getrennt, das wohl am Grund des Sees liegt.

Aus verschiedenen Gründen bin ich nicht zu dem kleineren Tempel in Abu Simbel gelangt, jenem mit den Figuren der Königinnen und Göttinnen, konnte also nicht vergleichen, in welchem Maß die umgesiedelten Königinnen die Dramenrolle der Göttin Hathor übernehmen. Trotzdem hoffe ich, daß sie es etwas überzeugender tun als Brigitte Bardot in der Rolle der Göttin von Bubastis, der Göttin Bastet.

Über elektronische Krokodile

Fragmente eines längeren Gesprächs, rekonstruiert nach Tonbandaufnahmen der Studenten.

»Der Architekt, dieser seltsame Kauz – wie sollten wir ihn definieren?«

Ein boshaftes Flüstern: »Ein kleiner grüner Steinbeißer!«

»Und der Stadtplaner?«

Eine Männerstimme: »Ein großer grüner Steinbeißer, eine Art Krokodil!«

Ich tat erstaunt: »Wissen Sie nicht, daß Urbanisten und Krokodile seit langem etwas Gemeinsames haben?« Seltsamerweise erschien ihnen der Gedanke nicht überspannt und dümmlich. Darum konnte ich ruhig fortfahren: »Laut einer der vielen altägyptischen Legenden über die Entstehung des Kosmos legten die Götter das Ei der

Welt auf ein Häufchen Schlammerde aus dem himmlischen Nil. In dieser auf den ersten Blick kindlichen Geschichte verbirgt sich eine ausgesprochen urbanologische Synopsis. Die Siedler suchten in den Mooren des Deltas nach dem Krokodilei, und wenn sie es fanden, wußten sie mit Sicherheit, daß der heilige Dämon ihnen unfehlbar eine Lage jenseits der periodischen Überschwemmungen angezeigt hatte. Dort bauten, meißelten, kneteten sie dann ihre neolithischen Lehmdörfer. Heute könnten wir ihren Trick als prognostische oder futurologische Technik bezeichnen. Und was das Krokodil betrifft, unseren professionellen Vorfahren, so wurde es gerade als Kenner der geheimen kosmischen Rhythmen und aus anderen wichtigen Gründen in Ägypten sehr geschätzt und verehrt. Die Ohren und die Nüstern wurden mit Edelsteinen und die Klauen mit goldenen Medaillen geschmückt ...«

Eine weibliche Flüsterstimme: »Such dir aus, ob du ein kleines oder ein großes Krokodil sein willst!«

Eine männliche Flüsterstimme: »Ein Alligator, wenn schon ...«

Jahrelang erlaubte ich den Studenten, mich zu unterbrechen, meine Worte zu ergänzen und zu kommentieren, ja mich zu verwirren. Die Einwürfe amüsierten mich ebenso wie sie und führten oft zu unvorhersehbaren und interessanten Abweichungen. Sie konnten auch eine willkommene Gelegenheit zu einer Atempause sein.

»Fragen Sie mich«, sagte ich, »wo unsere heutigen weisen Krokodile sind und was sie tun, und prüfen Sie, ob sie jemanden lehren können, sich vor den zerstörerischen Verschmutzungen der heutigen Welt zu retten.«

Allerdings war die damalige Welt weit weniger verschmutzt als jetzt. Heute, würde man sagen, können auch perfekte digitale Cyber-Krokodile ihre Eier nicht mehr da ablegen, wo es nötig wäre, und damit der Beton-Nekrose Grenzen setzen. Noch schlimmer: Wir finden uns mit dieser Nekrose ab. Wir ergeben uns mit einem Gefühl seliger Euphorie – im medizinischen Sinne. Damals jedoch, vor mehr als dreißig Jahren, dachte ich nicht an Ergebung in das Schicksal, schon gar nicht vor den Studenten. Trotzdem konnte ich in dem Augenblick nur ein kleines bißchen Sarkasmus anbieten: »Es sieht so aus, als wären die modernen Krokodile weniger intelligent oder weniger vorsichtig als jene uralten.«

»Lassen Sie uns ein Liedchen singen, Professor ... ›Auch die Krokodile sind benommen‹.«

»Liedchen hin, Liedchen her, das Unglück liegt nicht nur in unserer Unfähigkeit, der Aggression des Betonschlamms zu begegnen, der Felder und Städte überschwemmt, sondern darin, daß dieser Schlamm, wenn er erhärtet, zum undurchdringlichen Panzer wird. Er umklammert, ummauert, inhaftiert sozusagen unseren Planeten, und die weisen und närrischen atmosphärischen Wässer finden immer schwerer ihren Weg zur Mutter Erde, zum natürlichen Boden, und die Zyklen künftiger biblischer Sintfluten kündigen sich erst an.«

Die Predigt ging mit unverminderter Überzeugung weiter, und soweit ich mich erinnere, hob ich bei solchen Gelegenheiten, um suggestiver zu sein, den Ton wie jeder Prediger: »Hören Sie, wir zerreißen den vierfachen Kranz der Elemente, wir zerbrechen die große Tetrade an zwei oder gar drei Stellen; wir trennen die Erde von Luft und Wasser, und das geht nicht ungestraft. Wir öffnen also Überschwemmungen, Erdrutschen, Fluten weit die Tür ... Die Verkehrswege, die Industrie, die Städte, eine ganze betonierte Zivilisation bekommt allein durch ihre Existenz immer mehr die Eigenschaften einer stillen, langsamen, aber unabwendbaren Katastrophe.«

»Setzen wir ihnen Betonhüte auf!« rief der Liedermacher.

»Wem denn bloß?«

»Den Erbauern der neuen, besseren Welt.«

»Warum denn bloß?«

»Als Erkennungszeichen, damit ihnen die Kinder aus dem Weg gehen.«

Selbst in unserem heiligsten Zorn haben wir ihnen bis heute keine Betonhüte aufgesetzt, schon weil wir nicht wußten, wem sie vor allem gebühren. Aber in jener fernen Zeit, Mitte der siebziger Jahre, senkten sich die Gottesstrafen schwerer als Betonhüte auf uns herab, und jetzt sind sie uns gewiß. Feuer und Rauch – diese dritte oder sogar vierte Trennung der Urelemente – zerreißen schamlos die Ozonhülle, und Luftwirbel, die der Phantasie von Edgar Allan Poe oder William Blake würdig sind, erschüttern die Kontinente. Damals, vor einem Vierteljahrhundert, konnte ich verständlicherweise nichts voraussagen, aber für alle Fälle versuchte ich, etwas resigniert zu schlußfolgern:

»Wenn ich also die Dinge um mich und in mir betrachte, dann ist mir völlig klar, daß ich selbst ein Mensch dieses 20. Jahrhunderts bin. Doch ich bin mit meiner Zeit nicht ausgesöhnt. Manchmal komme ich mir vor wie Gulliver auf der Insel Laputa, als er ihre Institutionen aufsuchte und die ehrgeizigen wissenschaftlichen Programme ihrer Akademiker kennenlernte. Die heutigen Laputaner verfügen natürlich nicht über die köstlich absurden Ideen von Jonathan Swifts Szientismus. Der Pseudoszientismus der modernen Laputaner hat nicht einmal in seinen kühnsten wissenschaftlichen beziehungsweise verrücktesten Eskalationen die ungetrübte Heiterkeit der einfältigen laputanischen Synthesen, die vermutlich noch immer weit besser sind als der analytische Nihilismus. Die modernen Laputaner schaffen nichts, sie können nicht einmal einen Braten in Form einer Violine zubereiten, aber alles, was sie berühren, zerstören sie erbarmungslos durch ihre pedantische Zergliederung. Ohne Scheu machen sie die letzten Konturen des Ganzen, unser liebes, altmodisches, schon ziemlich zerrissenes Bild von Allem zu einer erstaunlichen Induktion des Nichts. In seiner Einseitigkeit hat es unser wissenschaftliches Jahrhundert weit gebracht. Und so wird es vielleicht dazu kommen, daß sein größtes Verdienst darin liegt, in uns allen nach dem Naturgesetz der Reaktion das Bedürfnis nach Widerstand und Verteidigung zu wecken. Vielleicht erweckt es sogar den Wunsch, das zerrissene Bild neu zusammenzusetzen. Doch dieser tröstliche Gedanke ist bis heute nichts weiter als Sokrates' berühmter ›frommer Traum‹.«

Ich konnte das Gespräch oder die Vorlesung – wie man will – nur noch zu Ende bringen: »Wir sind, wo wir sind, und eine wunderbare alte Weisheit lehrt uns, daß wir nicht aus unserer Haut entfliehen können.«

»Ach«, seufzte eine Zuhörerin. »Nirgendwohin!«

»Doch, doch«, entgegnete ein Kollege hinter ihr, »du mußt nur diesen Hai ausziehen!« Sie war nämlich nach der damaligen Mode in sehr dünnes, elastisches Leder gekleidet. Ob es von einem Seeungeheuer oder einem naiven kleinen Krokodil stammte – das war für das ökologische Schicksal der Menschheit ohne größere Bedeutung.

Über die Paranoia der Stadtplaner (1)

Der Roman über das runde Bagdad, die Märchenstadt, die einst wirklich existierte, kündigte sich wie so viele andere wahre Romane schon an, bevor er begonnen hatte. Als nämlich die Abbasiden, die Nachkommen von Al-Abbas, dem Onkel des Propheten, die Omaijaden unter Druck setzten und den Schwerpunkt ihrer Macht von Syrien in den Irak verlegten, und als nach Al-Abbas sein Bruder und Erbe Abu Djafar Al Mansur (geboren 712, 754 bis 775) den Thron bestieg, warf er ein Auge auf die zeitweilig überschwemmten, aber fruchtbaren Felder am Mittellauf von Euphrat und Tigris, dort, wo sich beide Flüsse auf zwanzig Kilometer nähern und über alte Kanäle ihre Wasser hier und da mischen. Und so wurde in diesem Sumpfland genau am

1. August 762 der Ort für eine neue, der Ewigkeit und ewigem Ruhm geweihte Stadt erwählt.

Als der große Kalif Al Mansur gefunden hatte, was er suchte, schickte er Rundschreiben an alle Städte, über die er herrschte, und an viele andere in fernen Ländern, über die er nicht herrschte, bis zu denen aber die Macht seines Reichtums drang. Baumeister, Poliere, Handwerker, Hydrotechniker, Ziegelbrenner folgten seiner Einladung. Dazu Fachleute für Lehmstampfbau. Unter den Experten waren auch Landvermesser mit komplizierten Apparaten zum Einfangen der Schatten, begleitet von Mathematikern, Geomanten, Astronomen und Astrologen, vielleicht auch ein paar Philosophen, nicht gerechnet all die Lieferanten, Köche und Bäcker.

Die Arbeiten begannen am Ende desselben Jahres mit dem Gründungsritual, das in den Chroniken nicht näher beschrieben ist. Vermerkt wird nur, daß sich der seinerzeit weltberühmte Astrologe Naubakht um die Berechnung der richtigen Stunde für den schicksalhaften Akt kümmerte. Erwähnt wird noch, daß um des glücklichen Beginns willen ein riesiger Kreisumfang in den Boden gezeichnet und mit Asche bestreut wurde. Der Kalif wollte wohl kontrollieren, ob alles so aussehen würde, wie er es sich vorstellte. Die Chronisten loben die Genauigkeit der Trassierung, erklären jedoch leider nicht, wie der gigantische Kreis auf dem morastigen und unebenen Boden markiert wurde. Die Methode »Pflock und Bindfaden« konnte wegen der Ausmaße und aus Rücksicht auf die Würde des Kalifen nicht angewandt werden. Einem Weltherrscher, der vermutlich selbst eine solide mathematische Bildung besaß, stand es nicht an, seine künftige große Stadt auf dieselbe primitive Weise anzulegen, wie sie seine Ahnen, die vorislamischen

Araber, bei ihren kleinen und ärmlichen Runddörfern praktizierten. Der Umritt zu Pferd, dieser magische Vorgang beim Aufschlagen eines Lagers, wie ihn die Ethnographie bei asiatischen Nomaden, aber auch amerikanischen Indianern aufgespürt hat, war in den Sümpfen zwischen Euphrat und Tigris möglich, aber nur als begleitende Zeremonie, als Performance, keinesfalls als technische Verfahrensweise. Ein von Hufen getrampelter Kreis hätte das leidenschaftliche Streben des Kalifen nach der perfekten und idealen Form bei weitem nicht befriedigt.

Wie die majestätische Stadt aus luftgetrockneten Ziegeln in den Sümpfen Mesopotamiens aussah, ist schwer zu sagen. Doch wir können nach Herzenslust phantasieren. Sie war zweifellos rund. »Ein Ebenbild des Himmels«, ergänzen die Schmeichler unter den Chronisten. Freilich ist die Frage berechtigt, ob die runde Form aus der Nähe überhaupt zu ahnen war. Der Kreisdurchmesser betrug etwas über 2500 Meter, was bedeutet, daß der Umfang der äußeren Mauer etwa acht Kilometer oder mehr maß. Sie zu umrunden, brauchte man in flottem Gang mindestens zwei Stunden. Aber je größer der Durchmesser, desto weniger gekrümmt erscheinen vom Boden aus gesehen die Segmente. Und an einem Tag ohne Sonne ließ sich ein dreister Neugieriger leicht in die Irre führen. In dem Glauben, ständig an einer geraden Wand entlangzugehen, gelangte er zurück zum Ausgangspunkt, nur aus entgegengesetzter Richtung. Und falls er noch einiges über die mathematischen Paradoxa bei Lewis Carroll, dem Autor von »Alice im Wunderland«, wußte, hätte er sich wahrscheinlich eingebildet, sich in sein eigenes Spiegelbild verwandelt zu haben, was, nebenbei gesagt, keine besonders angenehme Entdeckung ist. Jedenfalls war das eine optische Falle, und es gab noch andere Täuschungen. Es ist schwer, fast unmöglich, einige davon restlos zu erklären.

Innerhalb der ersten Mauer befand sich im Abstand von vierzig Metern eine gleiche, und zur Mitte hin reihten sich weitere drei, etwas niedrigere. So hatte die Stadt fünf konzentrisch gemauerte Ringe, außerdem eine breite Galerie (*intervallum*) zwischen der ersten und zweiten Verteidigungsmauer und noch zwei unsichtbare, viel schmalere Galerien für den Alltagsverkehr. So war das ganze System in einen einzigen Befestigungsring von gut 250 Meter Stärke verpackt. An vier Stellen durchbrachen ihn lange und finstere Tortunnel.

Ich vermute, daß unser neugieriger Müßiggänger durch eine dieser geheimnisvollen Passagen gehen und einen Blick ins Innere der Stadt werfen möchte. Angenommen, es gelingt ihm, und er kommt am Ende ins Tageslicht. Er stünde unverhofft auf einer großen leeren Fläche, deren runder Umriß von innen leicht zu erkennen ist. Mitten in diesem leeren Kreis (Durchmesser etwa zwei Kilometer) prangte der Palast des Kalifen. Ein imposantes Bauwerk, obwohl es sich in dem Vakuum nur wie ein kostbares, mit Gold und Juwelen geschmücktes Kinderspielzeug ausnahm. Was unseren Eindringling betrifft, so hat er hoffentlich rechtzeitig begriffen, daß etwas nicht stimmt. Er wollte die Stadt betreten, und nun fragt er sich: Wo ist die Stadt? Er erinnert sich vielleicht, daß der Weg durch den Tunnel viel länger war als nötig, um eine gewöhnliche, noch so dicke Stadtmauer zu durchqueren. Und das Vernünftigste wäre, er träte möglichst still und freundlich den Rückweg auf derselben Route an.

Das teuflische Kunststück war darauf berechnet, den

unerwünschten Besucher ebenso zu verwirren wie den dreisten Belagerer. Der mißtrauische Kalif hatte zwischen der dritten und vierten Verteidigungsmauer noch ein verstecktes ringförmiges Untersystem angelegt, in dem sich wie auf einer Kette 54 für die Krieger und ihre Familien vorgesehene befestigte Wohnviertel reihten. Die Verteidiger waren sozusagen in die Festung eingemauert, und so hatte jeder die ehrliche Chance, bei der Verteidigung der Hauptstadt auch die eigene Hausschwelle zu verteidigen. Die Heiligkeit der eigenen Schwelle ist eine beliebte Metapher bei vielen kriegerischen Völkern, die – muß man daran erinnern? – rücksichtslos fremde Schwellen zerstören.

Der Vorteil des Systems war, daß dem Angreifer, nachdem er den Hauptkorridor eingenommen hatte, erst die Eroberung des inneren Verteidigungsrings bevorstand. Das mußte eine ziemlich aussichtslose Sache sein, denn jedes Wohnviertel war eine kleine rechteckige Festung für sich. Und da der ganze Ring durch die Tortunnel in vier Kreisabschnitte geteilt war, hätten die Angreifer, selbst wenn sie in ein Segment oder in alle vier vordrangen und Wohnviertel um Wohnviertel eroberten, den Kontakt mit dem Hauptheer verloren und wären praktisch zerschlagen worden, bevor sie den Stadtkern erreichten. Es konnte also geschehen, daß sie sich im Nu wie ein Mäusestamm in einer sehr komplizierten Falle fühlten.

Was jedoch für die Belagerer konzipiert war, galt paradoxerweise auch für die treuen Verteidiger. Auch sie mußten sich, im Krieg und im Frieden, manchmal vorkommen wie in einer, wie wir heute sagen würden, virtuellen Mausefalle. Der Kalif konnte jederzeit sein ganzes Heer verhaften. Dazu genügte es, die wohlverborgenen Türchen der Tunnel zu versperren, der einzigen Verbindungen zum Ring der Wohnviertel. Es ist eine alte Weisheit erfahrener Krieger, daß Gott nur jene schützt, die sich selbst zu schützen wissen.

Die ideale Stadt des Kalifen barg noch einige optische Täuschungen, und die bewegten sich manchmal am Rand städteplanerischer Esoterik. Wenn ich heute darüber nachdenke, erinnern sie mich an die graphischen Versteckspiele von Maurits Cornelis Escher (1898 bis 1972). Wenn dieser niederländische Meister Städte, Flure, Terrassen und Galerien zeichnete, hielt er sich stets an einen Grundsatz, der lauten könnte: Wenn du siehst, siehst du nicht ... wenn du nicht siehst, siehst du!

Zum Beispiel konnte man nur durch die erwähnten Tortunnel in den Kern des runden Bagdad gelangen. Diese Tunnel waren eine Geschichte für sich. Relativ schmal für ihre ungewöhnliche Länge und nahezu stockdunkel, waren sie ein zusätzlicher Faktor der Täuschung. Die Besucher des Kalifen konnten durch einen Tunnel bis zur großen runde Leere des Stadtkerns gehen, vor das lichte Antlitz des Kalifen geführt werden, sich vor ihm verneigen, vielleicht ein paar Worte mit ihm wechseln; dann wurden sie rücklings aus dem Thronsaal geleitet und mehr oder weniger höflich aus der Stadt verabschiedet, ohne zu bemerken, daß sie sich in einer Stadt aufgehalten hatten. Die Seitenverbindungen zum Wohn-Verteidigungsring waren, wie gesagt, im Halbdunkel der Tunnel geschickt verborgen, und falls ein Gast sie bemerkte, konnte er kaum enträtseln, wozu sie dienten.

Selbst die angesehensten Gäste also hatten nicht das Recht, einen Blick in das vitale Verteidigungssystem zu werfen, andererseits brauchten auch die treuen Reiter des Kalifen nicht zu wissen, wer alles zur Huldigung kam und ob er von der Audienz zurückkehrte. Auch das mußte ein Grund dafür sein, warum jene 54 Wohnbunker weder von außen noch von innen auszumachen waren. Das runde Bagdad war also einzigartig in der Geschichte des Urbanismus, eine Stadt, die sich geschickt gegen äußere Angreifer verteidigte, noch geschickter jedoch sich selbst belagerte. Genau wie die gnostische Schlange Ouroboros sich ständig in den Schwanz beißt, um sich selbst zu kontrollieren und bei guter Gesundheit zu erhalten.

Ob es unter den vielen Kennern, Pseudokennern, ja Abenteurern, die sich dem Kalifen zur Verfügung stellten, auch abgefallene Gnostiker gab, ist mir nicht bekannt. Wenn es sie gab, haben einige offenbar ihre aufgelesenen Kenntnisse und gestohlenen Geheimnisse auf den Kopf gestellt, ihnen einen praktischen, also parasitären Sinn zugeschrieben und sie den Stadtplanern gegen gutes oder auch wenig Geld abgetreten. Jedenfalls ist sicher, daß sich in dem Fortifikationssystem sehr viele raffiniert böse Täuschungen und allerlei Überraschungen verbargen. In der Geschichte des Urbanismus läßt sich kaum etwas ähnliches finden, außer wir rufen uns die Checkpoints an den Übergängen zwischen West- und Ostberlin in Erinnerung. In den siebziger Jahren und später hatte ich Gelegenheit, sie zu sehen, zu testen, zu passieren und all ihr eisiges Grauen persönlich zu spüren.

Wir entsinnen uns, daß das Meisterwerk des Kalifen in Huldigungstexten mehrmals mit dem sehr vornehmen platonischen Vergleich »Ebenbild des Himmels« geehrt wurde. Wenn man das überraschende Erlebnis der inneren, runden, von der Kalotte des Himmelsblaus überwölbten Leere berücksichtigt, dann konnten die poetischen Assoziationen wirklich in diese Richtung gehen. Es war etwas »Kosmisches« in der ganzen Idee. Dennoch konnten nur die Vögel die wahre kosmische Schönheit der Stadt zur Gänze sehen. Auch ein heutiger Mensch, falls es ihm vergönnt wäre, das alte Bagdad zu überfliegen – sagen wir im Hubschrauber – müßte voller Bewunderung sein für die Wucht der konzentrischen Kreise in einer feuchten Landschaft voller Kanäle. Und wenn er »Timaios« und »Kritias« gelesen hat, wird er zweifellos an Platons Atlantis denken.

Alles war darauf eingerichtet, daß die himmlische Stadt auf Erden andauerte wie andere kosmische Erscheinungen – also ewig. Zumal das Recht auf irdische Dauerhaftigkeit und Uneinnehmbarkeit durch viele klug erdachte und für Angreifer überraschende Erfindungen und Strategeme gesichert war. Dennoch erwies sich die Unsterblichkeit des runden Bagdad als bloßes Wunschdenken.

Nach Al Mansur, während der Herrschaft von Al Mahdi (775 bis 785), entstanden außerhalb der runden Stadt bereits zivile Wohnsiedlungen, Handels- und Marktplätze. Die Händler mochten wohl etwas Furcht vor der erhabenen himmlischen Mausefalle haben, so daß sie allmählich aufs linke Ufer des Tigris überwechselten. Nach Al Mahdi, zur Zeit seines märchenhaften Sohnes Harun Al Raschid (786 bis 809), befand sich der größere, reichere und mächtigere Teil von Bagdad bereits am anderen Ufer. Und gleich danach wurde in bürgerlichen Unruhen und Rebellionen die uneinnehmbare runde Stadt erobert, halb zerstört und nie wieder restauriert. Ihre düstere Unsterblichkeit dauerte kaum die Hälfte eines bescheiden bemessenen Menschenlebens. Unter den nachfolgenden Kalifen (sie wechselten ziemlich rasch) wurde die Hauptstadt offiziell nach Samara verlegt, und als ein Jahrhundert später Al Mansurs Ur- und Ururenkel nach Bagdad zurückkehrten und sich am linken, östlichen Flußufer niederließen, gab es in den Sümpfen am rechten Ufer nur noch Haufen zerfallender Ziegel und ein Netz vernachlässigter, verschütteter, erstickter Kanäle. Alles in allem – Schlamm und der einmütige Gesang lauter, fetter Frösche, Frösche, Frösche.

Über die Paranoia der Stadtplaner (2)

Kurz bevor ich im Frühjahr 1982 Bürgermeister von Belgrad wurde, beendete ich die Beschäftigung mit einem Sammelband unter dem halb scherzhaften, halb ernsten Arbeitstitel »Urbanismus und Verfolgungswahn«. Einen Ehrenplatz unter den Texten nahm eine jahrelang geduldig aus Teilchen zusammengesetzte wahre Geschichte über das sogenannte runde Bagdad von Al Mansur ein. Und dann sorgte der Zufall dafür, daß ich schon im Herbst des erwähnten Jahres meine erste politische Reise antrat, und zwar ausgerechnet zu einem Besuch beim Bürgermeister von Bagdad.

Und so befand ich mich eines Nachts auf dem Landeanflug über Bagdad, ich fiel sozusagen vom Himmel wie ein überalterter assyrisch-babylonischer geflügelter Dämon – einer von denen, die Fieber bringen. Dieser malerische, aber dumme Gedanke kam mir, weil ich mich während des ganzen Fluges etwas fiebrig fühlte. Ich begann sogar zu zittern, als ich nach Zwischenlandung und Start in Abu Dhabi (oder Dubai – wer soll sich jetzt noch genau erinnern?) feststellte, daß wir uns Bagdad auf indirekter Route von Südosten näherten statt von Norden, dazu mit ausgeschalteten Lichtern. Es war nämlich bereits das zweite oder dritte Jahr des Golfkriegs.

Ein mehr geschäftlicher als politischer Bürgermeisterbesuch ließ nicht einmal den Gedanken an müßige archäologisch-philosophische Spaziergänge zu. Dennoch befand sich in meinem Gepäck ein uralter englischer Reiseführer mit einem Plan von Vorkriegs-Bagdad, auf dem ich eigenhändig einen geheimnisvollen kleinen Kreis an einer Biegung des Tigris eingezeichnet hatte. Ich hatte nicht die Illusion, an der markierten Stelle etwas finden zu können, was meine immer noch jugendliche Gier nach überraschenden Entdeckungen stillen würde. Dafür war ich zu bescheideneren Erlebnissen bereit: ein wenig zu schnüffeln, den legendären Boden mit den Fußsohlen zu berühren und mir die einstige Lagerstadt, so gut ich konnte, in realer Beleuchtung vorzustellen. Denn sonst wäre das runde Wunder aus Tausendundeiner Nacht zumindest für mich auf ewig eine unsinnliche Abstraktion geblieben. Allerdings mußte ich mich fragen, ob die Suche nach Al Mansurs Kunstwerk überhaupt Sinn hatte. Schließlich handelte es sich um eine weniger wichtige Episode in der Geschichte Bagdads, und schon morgen sollte ich ein grandioses stadtplanerisches Unternehmen kennenlernen, das damals in Architektenkreisen bereits den Ruf eines neuen Weltwunders genoß.

Auf dem Flughafen empfing mich in tiefer Nacht ein bescheidener und seltsam verlegener kleiner Mann, mein Bürgermeisterkollege. Tags darauf jedoch im Präsidentenpalast – was die protokollarische Ordnung bei weitem überschritt – befaßten sich die engsten Mitarbeiter des neuen mythischen Stadtplaners mit mir, eine Gruppe von Würdenträgern mit dem Vizestaatspräsidenten an der Spitze. Sie erinnerten in nichts an Al Mansurs Astronomen, Astrologen, Kenner der guten und bösen Zahlen, Magier, Geomanten, Geometer, ja nicht einmal an heutige, ganz profane Urbanisten. Sie hatten auch keine krummen Beduinensäbel. Dafür aber trugen Saddam Husseins Recken in den tadellos gebügelten Khakiuniformen von britischem (und an die Jugo-Partisanen erinnerndem) Schnitt und zum Zeichen ihrer Würde und Kampfbereitschaft riesige Pistolen an der Hüfte, die (eine zusätzliche Warnung) nicht in normalen Futteralen steckten, sondern mit dünnen Riemchen und Schnallen so geschickt befestigt waren, daß man sie schneller ziehen konnte als in den bestinszenierten Cowboyfilmen. Die Pistolen und die luxuriösen Sessel in falschem Louis-quinze-Stil, in denen wir es uns bequem machten, sind mir als ein unüberwindliches semiotisches Mißverständnis, eines von vielen unserer Zeit, in Erinnerung geblieben.

Das Kostümbild war übrigens, wenn auch überbetont, ganz angemessen. Sie befanden sich im Krieg, und ich hörte mir geduldig und zerstreut alles an, was ich über dessen Ursachen und Ziele wissen mußte. Sie sprachen einer nach dem anderen, in einer offenbar festgelegten und erprobten Reihenfolge. Danach ging es um meinen Aufenthalt. Sie wußten, daß ich, vereinfacht gesagt, ein Mann vom Fach war, und wollten mich möglichst gründlich mit dem Jahrtausendwerk, dem Aufbau des neuen großen Bagdad bekanntmachen. Mit der üblichen levantinischen Höflichkeit wurde ich auch nach meinen Wünschen gefragt. Ich bestätigte, daß mich mehr als alles andere die Zukunft der neuen Metropole interessierte: die Art der Planung, die Projekte, die Möglichkeiten ihrer Realisierung. Das kam der Wahrheit nahe, war aber bei weitem nicht die ganze. Natürlich interessierte mich auch das alte Bagdad, besser gesagt seine Reste. Ich erwähnte Al Mansurs »Ebenbild des Himmels«, obwohl ich wußte, daß nichts davon geblieben war, ich sprach auch von den babylonischen Ruinen und so nebenher ganz schnell von Samara.

Sie begrüßten meinen Wunsch, die ruhmreiche Zukunft kennenzulernen; ebenso gefiel ihnen meine übermütige Idee, einen Abstecher nach Babylon und Samara zu machen. Das sei ohne Probleme möglich. Den zweiten, viel einfacheren Wunsch überhörten sie. Ich wollte durch die im Verschwinden begriffenen Teile Bagdads geführt werden. Was Al Mansurs runde Stadt betraf, so schienen sie mich überhaupt nicht zu verstehen. Sofern sie errieten, wovon ich sprach, mußten sie es sehr ungewöhnlich finden, daß jemand dahin gebracht werden wollte, wo einst etwas existiert hatte, um an Ort und Stelle das zu sehen, was nicht mehr existierte.

Schließlich kamen vitale Fragen zur Sprache. Sie waren bitter, allen süßen Worten zum Trotz. »Unsere jugoslawischen Brüder« – genau so – »werden unsere Situation verstehen. Sobald der Krieg vorbei ist, werden wir nicht nur unsere Schulden begleichen, sondern in Wertschätzung Ihrer Hilfe auch viele neue Geschäfte einleiten.«

Ich weiß nicht, ob sie so mit ihren englischen, japanischen und russischen geschäftlichen Brüdern sprachen, aber die Jugoslawen, und nicht nur die Vertreter der Belgrader Baufirmen, erwarteten mich am folgenden Abend im prunkvollen Foyer eines eben fertiggestellten Riesenhotels und verlangten lautstark und angetrunken, daß ich Druck machte und wenigstens ein bißchen Geld herausschlug. Es war eine der schmeichelhaften Situationen, da jemand uns Jugoslawen etwas schuldete.

Tags darauf versuchte ich, die Dinge zu klären und festzustellen, wer auf wen wütend war und warum, doch der Ton meiner Gastgeber änderte sich spürbar. Ich hatte Gesprächspartner niederen Ranges vor mir, die rundheraus erklärten, von Schuldentilgung könne keine Rede sein, bevor der Krieg erfolgreich beendet war. Das würde nach ihrer Überzeugung schon in den nächsten Wochen passieren. Warum sollten wir dann so ungeduldig sein und eine wunderbare Freundschaft verderben? Bezüglich Samara und Babylon erinnerten sie sich sorgenvoll, daß diese Lokalitäten in der Kampfzone lagen. Falls das für Samara stimmte, mußte man es bereits am Vortag gewußt haben. Aber bei Babylon war die Lüge offensichtlich, denn die Fundstätte ist südwestlich von Bagdad gelegen, sozusagen in den Vorstädten. Ich dankte und erkundigte mich nach Terminen für meine Abreise. Es folgte ein Sturm freundschaftlicher Proteste und Bitten, meinen Aufenthalt nicht abzukürzen, denn Bagdad sei eine gigantische Baustelle, und ich würde noch einige Tage brauchen, um sie eingehend zu studieren.

Anfang der achtziger Jahre war Bagdad eine schockierende Mischung aus einer zerfallenden – ich meine die haschemitische Metropole – und einer sich ungestüm, ja aggressiv entwickelnden Stadt. Soweit der Blick reichte, war der Horizont übersät von Trümmern und Schutthaufen, die von Bulldozern umgewälzt wurden, und aus dem Schutt schossen überall neue Bauten in die Höhe. Obwohl riesig, verloren sie sich fast im Raum und schimmerten in der Ferne bisweilen wie moderne und postmoderne Kinderspielsachen. Sie trugen die Erkennungszeichen verschiedener europäischer und außereuropäischer Architekturschulen. Wenn ich also die Ruinen von Babylon nicht sehen durfte, so hatte ich doch Gelegenheit, der »Sprachverwirrung« zu lauschen und wenigstens in Gedanken etwas von der närrischen Konfusion zu erleben, die die Erbauer des babylonischen Turms begleitete. Mit dem Unterschied, daß der neue unvollendete und unvollendbare Turm nicht in die Höhe, sondern in die Breite wuchs. Und um das Chaos zu steigern, erinnerte die sichtbare und unsichtbare Dynamik der Stadtbaustelle an die damals schon populären Videospiele, bei denen alles immer wieder von vorn anfängt.

Zu der Zeit hielten sich Stadtplaner, Architekten, Bauunternehmer aus der ganzen Welt in Bagdad auf. Sie waren erpicht auf schnelle Geschäfte und große Gewinne. Sie alle beteiligten sich einmütig und rücksichtslos am Abenteuer der Kulturzerstörung. Nicht nur, daß viele vorgefundene ökologische und semantische Werte der traditionellen Architektur und des Urbanismus aus dem Blick verschwanden, es schien auch bisweilen, als würden die Botschaften der Vergangenheit absichtlich mißachtet. Dabei waren das häufig weise Botschaften. Viele verbargen wertvolle Erfahrungen, und die elementare Vernunft gebot, auf sie zu hören. Aber – wie gesagt – der Dialog mit der Vergangenheit war abgebrochen, obwohl manche modischen Meisterwerke herausgerissene »Zitate« aus der reichen Welt der islamischen Baukunst übernahmen und sich sinnlos und dumm mit ihnen schmückten wie eine Glucke mit Pfauenfedern. In den altertümlichen Herrenhäusern funktionierte zum Beispiel in den Sommermonaten ganz von selbst ein kluges System klimatischer Selbstregulierung, besser oder zumindest zuverlässiger als die modernen Anlagen. Und, nebenbei gesagt, völlig geräuschlos. Da das alte Stadtgewebe unbarmherzig zerlegt wurde, zeigten sich auf Schritt und Tritt die Innereien von Häusern wie bei anatomischen Modellen des menschlichen Körpers. Zwischen den Prunkgemächern, Treppen, Fluren und Nebengelassen zogen sich Hohlräume hin, die dem Bauwerk das innere Atmen ermöglichten. Sie saugten die überhitzte Luft an und bliesen sie durch einen breiten konischen Kanal, die Luftröhre, nach außen. Und zugleich drang aus den Kühlern, das heißt aus den gemauerten unterirdischen Kammern, Frische in die Wohnräume.

Meine Gastgeber waren verwirrt, ja erschrocken, weil ich jeden Augenblick die große Dienstlimousine anhalten ließ, ausstieg, die herrlichen, schon zerstörten oder halbzerstörten Paläste besichtigte, in die Ruinen kroch, um mir über die Finessen und Geheimnisse ihrer architektonischen Physiologie klar zu werden. Noch immer ließen sich hier und da ein *čardak*, ein *doksat*, eine *divanhana* erkennen, türkische Elemente, die bei den alten Baumeistern auf dem Balkan und in Bagdad gleichermaßen üblich waren. Die Wörter bezeichneten charakteristische Räume eines Hauses und erklärten die sehr entwickelten familiären und gesellschaftlichen Funktionen einer früheren Lebensweise. In den heutigen europäischen Sprachen findet man nur annähernde Äquivalente, und das nur für architektonische Formen des vergangenen Jahrhunderts: Söller, Erker, Altan, Glasveranda und so weiter. Übrigens hat die zeitgenössische Architektur ein armes Vokabular, was darauf hinweist, daß ihre Morphologie dürftig ist, trotz aller Errungenschaften des Dekonstruktivismus, die Bewunderung oder zumindest Erstaunen wecken sollen.

Am zweiten oder dritten Tag verfinsterte sich der Himmel. Das Panorama der künftigen Stadt und einer ganzen im Entstehen begriffenen »schöneren neuen Welt« verwandelte sich sofort in eine Bühne ohne Beleuchtung. Zum Vorschein kam ein ganz anderes Bild Mesopotamiens, gesättigt von allerlei Ausdünstungen, nassen Ziegeln, feuchten Lehmwänden, Schimmel und Salpeter. Vor allem quoll Schlamm aus der Erde. Aber was für Schlamm! Der Banater Schlamm – der schlammigste, den ich kenne – kann glatt als fester Boden gelten im Vergleich zu diesem mesopotamischen Schlick. Durch den waren schon Gilgamesch, der mythische Erbauer von Uruk, und der Fürst von Lagasch, Gudea, der erste professionelle Urbanist in der Geschichte der Zivilisation, gewatet. Letzterer gelangte schon vor vierzig Jahrhunderten zu solchem Ruhm, daß bis heute zwölf seiner Statuen und Statuetten aus Granit oder Basalt im Louvre aufbewahrt werden. An ihnen fallen sofort die außergewöhnlich schönen und, wie man sagen möchte, etwas nervösen Hände auf. Aber durch denselben unterirdischen, also höllischen Schlick strampelten zur Wintersonnenwende auch Al Mansurs Astronomen und Astrologen mit ihren Riemchen und Astrolabien. Und schließlich stapften an einem düsteren Tag der kleine, verlegene Fürst des neuen Bagdad und meine bescheidene und schon übermüdete Person durch diesen zähflüssigen Urstoff. Der Kollege hatte sich in den Kopf gesetzt, mir die modernen Denkmäler zu zeigen, die parallel mit der aus Trümmern entstehenden Stadt der Städte gebaut wurden. Sie waren alle sehr »denkmalartig« – groß, teuer und dumm –, und man konnte sich kaum merken, wem sie wofür und wie huldigten.

Dann kam etwas an die Reihe, was ich mir in meiner Karriere als Erbauer antifaschistischer Mahnmale nicht hätte vorstellen können; etwas aus dem Fundus von Hitlers und Speers kranken Träumen. Schon zu Beginn der Kämpfe mit dem Iran hatte man offenbar hastig mit der Projektierung und bald darauf mit dem Bau einer monströsen Allee und eines gewaltigen Denkmals begonnen – zum Ruhm des Sieges in einem noch nicht gewonnenen Krieg. Mir kam der seltsame Gedanke, daß das Unternehmen – besser gesagt die magische Operation – geplant war, um den siegreichen Ausgang des Krieges vorherzubestimmen.

Als ich es sah, und das war im zweiten oder dritten Kriegsjahr, war das Siegesdenkmal schon fast vollendet. Wie es fünf, sechs Jahre später umbenannt wurde, als der Krieg ohne Sieg und Sieger beendet war, ist mir nicht bekannt. Es wirkte jedenfalls imposant und erinnerte an eine riesige Muschel oder eine längs halbierte Eierschale mit dem breiteren Ende nach unten. Es war zu ahnen, daß die Form von den Iwan genannten Bogenportalen am Eingang islamischer Bethäuser oder Medressen inspiriert war. Soweit ich mich erinnere, hat mich mein Kollege selbst auf die mögliche Ähnlichkeit hingewiesen. Er vergaß dabei zu sagen, sofern er es überhaupt wußte, daß der Iwan eine vorislamische architektonische Form sassanidischen, also eher »iranischen« als »irakischen« Ursprungs ist. Bauten die anderen jenseits der Grenze auch schon ihr triumphales Osterei?

Seine furchtsame Exzellenz erklärte mir eingehend noch etwas, was ihn offenbar an dem Werk, an dem er wohl persönlich beteiligt war, am meisten beeindruckte. Das eiförmige Denkmal war außen und innen mit kostbarer lasurblauer Keramik belegt. Da die Oberflächen streng nach einer komplizierten Formel der analytischen Raumgeometrie und mit Hilfe von Gleichungen zweiten und dritten Grades ausgeführt werden mußten, waren die zehn Millionen (so sagte er) winziger trapezoider Mosaiksteinchen in Form und Dimensionen fast identisch. So waren die Maße und Winkel für jedes Teil – wie anders? – am Computer berechnet worden, und die Arbeit hatten – wer sonst? – die Großmeister des hochqualifizierten Kitschs unter den japanischen Brüdern ausgeführt und dafür kassiert.

Tief in der Nacht brachte mich der Bagdader Vorsitzende zum Flughafen. Er hatte seine schlaftrunkene kleine Tochter bei sich, seinen Liebling, wie er erklärte. Wir mußten lange auf den Abflug warten. Mir schien, daß er und das kleine Mädchen zitterten, obwohl es nicht kalt war. Er bat mich, ein paar fachlich fundierte Worte über das urbanistische Jahrhundertwerk zu schreiben, das ich durch sein Verdienst hatte gründlich kennenlernen können. Vielleicht hatte ich sogar eine solche Absicht, aber ein paar Tage nach meiner Rückkehr traf die betrübliche Nachricht ein, daß man den kleinen Bürgermeister wegen Betrugs verhaftet hatte, und ein paar Wochen später kam das nicht nachprüfbare Gerücht auf, er sei hingerichtet worden.

Schwebt der Geist von Sir Thomas noch über Pjöngjang?

Was war unsere kleine, balkanische, raffgierige Selbstverwaltungs-Jugo-Utopie gegenüber einer echten, allumfassenden und mir bis dato völlig unbekannten! Und gerade mir war es beschieden, sie auf der Karte der modernen Welt zu entdecken und zu besuchen.

Diese Reise war schon lange geplant, und ich zögerte sie hinaus, so gut ich konnte. Denn ich war mehr als beschäftigt. Neben meinen diversen Pflichten als Vorsitzender des Stadtparlaments steckte ich in den Abschlußarbeiten zu meinem, wenn nicht testamentarischen, so doch dicksten Buch. Es trug den für mich verbindlichen Titel »Ein Kreis mit vier Ecken« und handelte vom Ursprung der pythagoreischen Utopien.

Während der Sitzungen der Stadtverwaltung las ich Korrektur und überließ es den Abgeordneten, sich um fällige Themen notfalls auch zu streiten, da ich die Tage bis zum Ende meines Mandats zählte. Das war meine kleine Rache am harten und unsichtbaren dogmatischen Kern des Establishments, mit dem ich bereits in latenter oder offener und heftiger Fehde lag. Ich nutzte meine lieben Pythagoreer – hoffentlich können sie mir verzeihen –, um eine andere, viel weniger harmlose Sekte zu beschreiben und nach Herzenslust auseinanderzunehmen. Darüber hinaus war das Buch eine scherzhafte Geschichte utopischer Städte, Gesellschaften und Denkweisen. Es spielte eine nicht geringe Rolle bei den nachfolgenden Ereignissen, die in meiner Autobiographie »Der verdammte Baumeister« eingehender beschrieben sind.

Und gerade da kam zum wiederholten Mal eine Mahnung vom Bundessekretariat für äußere Angelegenheiten: Genosse B. B. dürfe die an ihn persönlich gerichtete Einladung des Genossen Kim Il Sung zu einem Besuch Pjöngjangs nicht ignorieren und habe die Reise noch vor Ablauf seines Mandats anzutreten. Ich machte mich tatsächlich auf den Weg, lustlos und nicht bei bester Gesundheit, noch dazu im Winter, der im nördlichen Teil der Halbinsel Korea besonders streng ist. Das hatte ich rechtzeitig erfahren. Was mir jedoch niemand vorhersagen und ich selbst nicht einmal ahnen konnte, war, daß ich wie durch einen Zauber mitten ins Zentrum meines künftigen Werks geraten würde. Plötzlich betrat ich das Land Utopia, fand mich buchstäblich unter echten Utopianern, begegnete ihren ungewöhnlichen Sitten, verlor mich bewundernd in den Finessen ihrer Lebensphilosophie.

Hätte ich gewußt, was mich erwartete, wären mir

schon beim Landeanflug gewisse topographische Übereinstimmungen zwischen dem Land Utopia und Nordkorea aufgefallen. Pjöngjang liegt wie die Stadt Amaurot zu beiden Seiten eines Flusses, der sich allmählich verbreitert und unmerklich in eine Meeresbucht übergeht. Das trifft auch auf London und viele andere Städte an Flüssen und in Meeresnähe zu, also hat wahrscheinlich London und nicht Pjöngjang Sir Thomas More als Modell für Amaurot gedient. Doch im ersten Moment verfiel ich nicht auf solche raffinierten Vergleiche. Noch etwas konnte mich auf merkwürdige Gedanken bringen. Als wir die sanfte Ebene im Taedonggang-Tal überflogen, verblüffte mich die geometrisch geordnete Agrarlandschaft. Die Felder waren präzise abgezirkelt, offenbar nach einem vorgegebenen Schema, das vermutlich irgendwelche magischen oder marxistischen Botschaften und Zauberformeln enthielt. Verschiedenfarbige Rechtecke und Quadrate erstreckten sich in streng orthogonaler Anordnung wie auf Mondrians frühen Bildern über Dutzende von Kilometern und bildeten kunstvolle Figuren. Ich konnte mich des Eindrucks nicht erwehren, daß sie aus einer Schrift abgeleitet waren, wahrscheinlich aus der koreanischen. Ihre Buchstaben sind im Unterschied zu den chinesischen sehr vereinfacht und das Alphabet – oh Wunder! – strikt phonetisch, was bedeutet, daß auch die Koreaner irgendwann einen genialen Sprach- und Schriftreformator hatten, wie es zum Beispiel unser Vuk Karadžić war. Selbst dieser unbedeutende Umstand veranlaßte mich zu dem Gedanken, daß ich mich in einer perfekten Welt absoluter Harmonie und Ordnung befand, wo alles seinen Platz hatte, jede Stimme nur einen Klang und jedes Wort eine einzige und unveränderliche Bedeutung.

Bald zeigte sich, daß irgendjemandes Regie eine kleine, aber eindrucksvolle Demonstration der Eintracht von Himmel und Erde vorbereitet hatte. Als ich aus dem Flugzeug stieg, stand ich vor einer Gruppe reizender Kinderchen, die blumen- und fähnchenschwenkend ein Lied zwitscherten, dessen Text anscheinend in unserer Jugo-Sprache sein sollte. Dann lösten sich etwas verlegen, vielleicht auch ängstlich, drei Dreiergruppen und stellten sich auf: eine mir gegenüber, die anderen seitlich von mir und einander gegenüber. Das Spiel war eingeübt, und mich beeindruckte natürlich der numerologische Inhalt der Figur. Sieh an, dachte ich, wieder ein »Kreis mit vier Ecken«, wieder eine umgekehrte pythagoreische »heilige Tetrade«, also $3+3+3…+1$. Die eins sollte also ich sein. Ich war gerührt von der unerwarteten Zahlengeometrie und meinem Ehrenplatz darin. Als mir die Kinder drei große rot-weiß-blaue Blumensträuße überreicht hatten und wir zusammen fotografiert werden sollten, übertrieb ich wohl meine Begeisterung. Ich ging in die Hocke und setzte mir das Kind Nummer eins aufs Knie. Eine solche Interpretation des himmlischen Diagramms war vom Protokoll nicht vorgesehen. Eisiges Schweigen trat ein. Nicht nur die Gesichter versteinerten, sondern auch die Objektive blieben starr auf mich und die Kinder gerichtet, ohne daß jemand fotografierte oder filmte. Wie die Situation gerettet wurde, weiß ich nicht mehr, und es ist auch unwichtig. Jedenfalls fiel meine erste Begegnung mit Utopia und den Utopianern aufregender aus, als ich hätte erwarten können.

Jedes der folgenden Erlebnisse, und es ging Schlag auf Schlag, warf neue Fragen auf, meist ohne vernünftige Antwort. Vom Flughafen aus jagten wir mit altmodischen, schweren sowjetischen Autos der Marke SIS durch die graue und unerfreuliche Stadt. Wir fuhren lange, denn man hatte uns aus unerfindlichen Gründen weit außerhalb untergebracht. Auffällig war, daß auf der Chaussee nur Militärlastwagen unterwegs waren. Sie schienen aus der frühen Stummfilmzeit zu stammen und ähnelten den Fahrzeugen, mit denen Kerenski die Kadetten an die Front geschickt hatte. Man erzählte uns voller Stolz, daß sie aus einheimischer Produktion stammten, allerdings nach sowjetischem – besser gesagt, vorsowjetischem – Modell. Wir begegneten diesen noblen nagelneuen Museumsstücken auch in klassisch dramatischen Augenblicken, da der Motor im Frost versagte. Das war noch immer in den Grenzen möglicher vernünftiger Erklärungen. In Ordnung waren die geöffneten Motorhauben, in Ordnung war auch das verzweifelte Stochern in der Maschine. Jenseits der Ordnung – oder im Rahmen einer mir fremden Ordnung – war, daß sich mit dem Motor immer der ranghöchste Offizier abplagte, während die niederen Chargen hilflos auf die goldenen Schulterstücke des Ehrenmechanikers starrten. Wer allerdings ein wenig in utopischen Romanen geblättert hat, wird sich erinnern, daß dort im Namen der Überlegenheit menschlicher Vernunft über die Elemente alles anders aussieht als in unvollkommenen Staaten, Gesellschaften und Städten, ja manchmal völlig entgegengesetzt.

Das nächste große Rätsel war mein Domizil. Es erinnerte in nichts an utopische Strenge und Bescheidenheit. Es war märchenhaft. Wir durchquerten einen Tunnel und gelangten an einen kleinen See. Das Terrain war so gewählt, daß man es nur durch den erwähnten, offenbar elektronisch kontrollierten Tunnel erreichen und verlassen konnte. Der Palast selbst war leider äußerst enttäuschend. Er war mehr als luxuriös, in jugoslawischem Stil. Ich erkannte die Handschrift der Architekten aus der Verwaltung für Staatssicherheit wieder. Kim Il Sung vergötterte Tito und hatte nicht nur dessen Gewohnheiten übernommen, sondern auch manch guten Rat und fachliche Unterstützung eingeholt. Die jugoslawische Bauroutine – das heißt solide Qualität, aber ohne Geist und Eleganz – stieß in diesem Fall recht unglücklich mit orientalischer Verschwendung zusammen. Die Räume waren sehr groß, breiter, länger und höher als notwendig, wertvolle Materialien gedankenlos und im Übermaß eingesetzt, und die ganze halbleere Residenz glich einem Gasthof wenn nicht für antike Götter, so doch wenigstens für plumpe Zyklopen.

Nach der langen Reise in der eisigen Kälte trieb mich ein natürliches Bedürfnis, zuerst jene Örtlichkeit aufzusuchen, wohin auch der Kaiser zu Fuß geht. Sie war wirklich kaiserlich; wie ein Foyer ganz in Marmor mit vergoldeten Armaturen, aber ohne Spiegel. Erst später entdeckte ich, daß sie vielleicht aus utopischem Aberglauben hinter dünnen Steinplatten versteckt waren, die auf Knopfdruck zur Seite wichen. Die wirkliche Überraschung stand jedoch noch bevor. Zu meiner Verblüffung hatte ich zwei Klosettschüsseln vor mir. Die kleinere, von normaler Größe, war aus Marmor. Die andere, von fast übermenschlichen Dimensionen, so klobig, daß sie unbenutzbar erschien, war aus farbigem Onyx-Alabaster und stand auf einem Piedestal. Was taten die beiden ungleichen Kameradinnen an diesem öden Ort? Langweilten sie sich? Redete die größere auf die kleinere ein, diktierte sie ihr staatsmännische Briefe, Befehle und Anweisungen, oder trällerte die kleinere und trug der größeren Verse mittelalterlicher koreanischer Dichter vor?

Um Mitternacht oder gegen Morgen spürte ich betäubende Düfte, die aus der Klimaanlage wie aus einem Wecker für den Geruchssinn strömten und den Schläfer oder sein Unbewußtes sanft daran erinnerten, daß der Tag nahte. Und als es hell geworden war, erwartete mich die nächste Überraschung. Es erschienen Ärzte und Sanitäter mit unförmigen Apparaten für Blutdruckmessung oder sogar -transfusion, die mir im ersten Moment wie Klistiere vorkamen.

Die Vertreter der Medizin traten auf wie in Molières »Eingebildetem Kranken«. Ich brauchte einige Minuten, ehe ich begriff, worum es ging. Der große Führer war besorgt um meine Gesundheit und hatte mir fast sein gesamtes Ärztekonsilium geschickt. Der Irrtum lag darin, daß ich am vergangenen Nachmittag laut Programm eine Grundschule des Namens »Josip Broz Tito« hatte besuchen sollen, aber ein Unwohlsein vorgeschützt und einen meiner Begleiter delegiert hatte. Der Skandal, dessen ich mir gar nicht bewußt war, hätte ernstere Folgen zeitigen können angesichts meines Fauxpas am Flughafen, so daß sich die Genossen und der Genosse persönlich selbst ausmalen konnten, was bei meiner neuerlichen Begegnung mit Kindern passieren mochte.

Als Molières *savantissimi doctores* auftauchten, begriff ich nichts.

»Sie sind krank, Genosse Vorsitzender?«

»Aber nein, wie kommen Sie darauf?«

»Doch, man sieht gleich, daß Sie krank sind!«

Der junge Chefarzt war liebenswürdig, gutmütig, besorgt (mehr um sich selbst als um mich), konzentriert auf die Aufgabe, meinen gestrigen Affront gegen den großen Führer durch seinen Befund zu decken und zu vertuschen, ohne sich einen Schnitzer zu erlauben.

»Ja, beschleunigter Puls« – und nach flüchtiger Messung noch der Seufzer: »Auch der Blutdruck ist erhöht. Sie müssen zwei, drei Stunden ganz ruhig liegenbleiben.« Jetzt entspannte sich die Atmosphäre. Das Konsilium verneigte sich leicht oder verbeugte sich sogar tief, so daß Molière zur Pantomime wurde; dann verließen sie vorsichtig, um meine Ruhe nicht zu stören, das Schlafgemach.

Die folgenden Tage waren ausgefüllt mit allerlei Besuchen und Besichtigungen, von Kim Il Sungs Geburtshütte, einem sympathischen, aus irgendeinem Gebirge hertransportierten Häuschen, über große Bauwerke wie die Nationalbibliothek bis zum hochcomputerisierten Kultur- und Informationszentrum und so weiter. Die luxuriösen und teuren Bauwerke zeigten eine seltsame Entropie aller Stile dieser Welt, allerdings in japanischer Version. Leider verloren sich die repräsentativen Bauten, so groß sie waren, im Meer der grauen, deprimierenden Stadtmasse.

Pjöngjang war damals eine der sozialistischen Städte, durch die man stundenlang fahren, wo man Dutzende Kilometer zurücklegen und dennoch glauben konnte, man befände sich stets im selben Viertel, ja in derselben Straße. Es überwog ein gleichförmiger Typ von Hochhäusern in verzweifelt schlecht gegossenem Beton, der hier und da schon Zeichen des Verfalls aufwies. Es gab Loggien und Balkons, die ich nicht zu betreten gewagt hätte, und einige hingen schon wie aufgetrennte Manteltaschen hinunter. Mir schien, daß die einmal mutig aufs Papier geworfenen Vertikalen in der Wirklichkeit nicht mehr vertikal waren, sondern nach rechts oder links abwichen. Nachts erinnerte die Stadtlandschaft unwiderstehlich an die düstere Szenerie expressionistischer

Filme. Das gewaltige schwarze Panorama verwandelte sich in Millionen kaum beleuchteter Fenster, da die Vorschriften offensichtlich nur eine Glühlampe von 15 Watt pro Zimmer zuließen. So bestätigte sich auch nachts das Prinzip der utopischen Gleichheit.

Die wahre, rührende und menschliche, wenn auch sklavische Solidarität zeigte sich bereits in der zweiten oder dritten Nacht, als Schneestürme einsetzten und sich der Schnee auf dem gefrorenen Boden schnell anhäufte. So konnten wir, wenn wir zu späterer Stunde in unseren Palast aufbrachen, die ersten Räumungsmannschaften sehen. Die Bewohner der Hochhäuser ohne Fahrstühle – der Sport hatte wie in anderen Welten des künstlichen Glücks eine fast liturgische Bedeutung – gingen, bewaffnet mit großen Holzschaufeln, gruppenweise auf die Straße. Die innere Organisation der Wohnkomplexe folgte strikt den halbmilitärischen Anleitungen der utopischen Renaissanceliteratur. Jedes Stockwerk – ein Zug. In jedem Zug – ein Kommandeur. Jeder Kommandeur – ein Allmächtiger. Die Arbeit war grausam anstrengend, aber tags darauf waren die Straßen tadellos geräumt, und die Utopianer, wenn auch unausgeschlafen und verschnupft, konnten stolz sein, ihre patriotische Pflicht erfüllt zu haben.

Bei starkem Frost fuhren wir in diesen Tagen durch das ordentlich liniierte Land Utopia. Die erwähnten Mondrianschen Quadrate waren keine marxistisch-leninistischen Botschaften, sondern Reisfelder unter dünnerer oder dickerer Eisglasur, die in der kalten Sonne in allen Regenbogenfarben schillerten. Auch die kleinen Dörfer waren alle quadratisch und von Mauern eingefaßt. Im Grunde befand sich jedes in einem großen Hof, dessen Tor gewiß über Nacht abgeschlossen wurde.

Übrigens konnte man nicht frei durchs Land reisen, genau wie in der imaginären Welt von Sir Thomas. Wer länger als einen Tag von zu Hause wegbleiben wollte, brauchte in der Renaissanceversion außer einem Paß noch das schriftliche Einverständnis der Ehefrau. Ob das auch im Land von Sir Kim galt, weiß ich nicht. Aber die Logik war dieselbe: Warum sollte das Volk umherspazieren, seine Zeit mit leeren Gesprächen vertun, mit Vagabunden Umgang pflegen, sich dem Trunk und der Buhlerei ergeben?

Allerdings gab es für uns hochangesehene Gäste gewisse Einschränkungen. Auch wir konnten nicht beliebig umherspazieren, sondern mußten uns mit dem begnügen, was man uns zeigen wollte. So bekam ich den wirklichen Lageplan von Pjöngjang nicht zu sehen, konnte die Beziehung zwischen Stadt, Fluß und Bucht nicht ergründen und meine ursprüngliche Vermutung, daß zwischen der Hauptstadt von Utopia und der Hauptstadt von Nordkorea sogar topographische Ähnlichkeiten bestehen mußten, weder bestätigen noch verwerfen.

Bei Thomas More gab es freilich keine Geheimnisse. Amaurot lag an zwei Ufern und hatte an jedem zwei quadratische Viertel. Ein sowjetischer Theoretiker, der nichts besseres zu tun hatte, ging noch einen Schritt weiter. Er erklärte die vier Viertel von Amaurot zu vier städtischen Rayons (nach der damaligen russischen Terminologie), teilte jeden Rayon in vier mal zwölf Blocks und entdeckte im Zentrum der 192 Blocks je eine Mensa, eine Kinderkrippe und so etwas wie einen Agit-Punkt für die Jugend. Es ist nicht ausgeschlossen, daß die Erbauer des koreanischen Utopia diesen Theoretiker gelesen hatten, außerdem konnten sie sich an den natürlichen, also geomorphologischen beziehungsweise topographischen Ähnlichkeiten orientieren. Vielleicht begriffen sie sie auch als schicksalhafte Vorbestimmung. Im literarischen Utopia werden tatsächlich gemeinsame Eßräume erwähnt, wo man, wenn man nicht seine Mahlzeit einnahm, fromme Lieder sang, erbauliche Texte rezitierte und Schach oder ähnliches spielte.

Charakteristisch ist für die Verfasser utopischer Romane, angefangen bei Platon und seinem Atlantis, daß sie sich mit der Beschreibung von hydrotechnischen Unternehmungen befaßten. Platons Held Poseidon grub einen fünfzig Stadien – etwa neun Kilometer – langen Kanal, damit die Schiffe ungehindert das Zentrum der künftigen Hauptstadt erreichen konnten. Utop, der namengebende Held von Utopia, verfuhr entgegengesetzt. Um Stadt und Staat in ihrer moralischen Reinheit von der restlichen, unvollkommenen und sündigen Welt abzugrenzen, tilgte er eine mächtige Landenge und verwandelte mit einem ausgedehnten Meereskorridor einen Teil des Festlands in eine Insel.

Kim Il Sung wollte Poseidon und Utop zugleich sein. Er begann den Bau eines Staudamms, mindestens so lang wie der atlantische Kanal, um die Bucht zu blockieren, den durchschnittlichen Pegelstand des Flusses zu heben, das Meerwasser im abgetrennten Teil durch Flußwasser zu ersetzen und so die Flußschiffahrt zur Stadt und durch die Stadt zu verbessern. Das war eine Poseidon würdige Idee, die auch nützliche strategische Konsequenzen gehabt hätte. Die Seeschiffe hätten keinen Zugang mehr in die Tiefe der Bucht gehabt, so daß das monströse Wehr auch eine Art Fortifikation war. Alle erinnern sich übrigens noch gut – solche Dinge werden durch die Generationen weitergegeben –, daß die japanische Flotte Anfang des 20. Jahrhunderts ungehindert durch die Bucht bis vor die Stadt gelangte und sie bombardierte. Als wir das Wehr besuchten, sah das pharaonische oder eher babylonische Unternehmen hoffnungslos aus. Bei eisigem Wind starrten wir in den gefrorenen Nebel über der offenen See. Die andere Seite der Bucht war nicht zu erkennen, und ich frage mich bis heute, ob der wahnwitzige Plan je realisiert wurde.

Als wir uns auf der Rückfahrt Pjöngjang näherten, trat die Silhouette der Stadt allmählich aus dem Dunst hervor, zeichnete sich vor dem düsteren Winterhimmel ab. In einem Moment war das Panorama vor uns von den letzten Strahlen der tiefstehenden Sonne beleuchtet. Zweifellos ein lohnender Anblick, also hielten wir an und verließen die prähistorische Limousine. Im Zentrum des Bildes und im sich verdichtenden Dunkel leuchtete weiß und rot die Masse eines hypermodernen, noch im Bau befindlichen Hotels. Es war eine Art asymmetrisch geteiltes architektonisches Mastodon. In der Stadt und aus der Nähe wirkte das seltsame Gebäude trotz perfekter Technik unfertig. Aus der Ferne jedoch und nach den Prinzipien einer fernöstlichen Op-Art verwandelte es sich in zwei menschenähnliche Figuren aus Betonwürfeln, einander zugewandt, wobei die größere (30 bis 35 Stockwerke) der kleineren väterlich die »Hand« reichte, welche die letztere auf halber Höhe, also etwa zwischen dem fünfzehnten und dem zwanzigsten Stockwerk mit beiden »Händen« ergriff! Eine rührende Begrüßung von Vater und Sohn, dem großen Führer und Kim Jong Il, dem Sohn des Volkes. Und nicht nur eine Begrüßung, sondern ein Strömen der Energie, eine Übergabe der Mission: Wo ich aufhöre, mach du weiter!

In diesem Händedruck aus Beton befanden sich

Durchgänge und Übergänge aus einem Trakt in den anderen, sicher auch unsichtbare Kontrollpunkte, Videoschirme und alles, was zur Hotelwissenschaft über die Sicherheit von Gästen und Regimen gehört. Aus der Ferne jedoch war in der ganzen Szene, im noch immer beleuchteten Panorama der Stadt vor dem schwarzen Himmel und in der architektonischen Skulptur des großen Vaters und des etwas kleineren Sohnes auch ein beunruhigender Reiz, den ich auf meine Art genoß. Mir war klar, daß man mich genau an den Ort gebracht hatte, von dem aus zu einem bestimmten Moment bei guter Beleuchtung das zu sehen war, was ich sehen sollte: Die Strahlen der untergehenden Wintersonne, das Spiel von Licht und Schatten erzählten großartig ihre Geschichte. Und so waren wir am Ende beiderseits fröhlich. Ich mit meinen surrealistischen Erinnerungen aus der Jugend und meinem Vergnügen an den burlesken Dummheiten anderer, und sie, meine arglosen Utopianer, mit ihrer Freude, mir die wunderbare Botschaft nahegebracht zu haben. Die Regie hatte offenbar nicht vorgesehen und vielleicht auch nicht erlaubt, daß ein Wort gesprochen wurde. Orientalische Höflichkeit überließ dem Gast den ganzen Genuß des Entdeckens.

Vielleicht täusche ich mich, aber in der geschilderten finsteren architektonischen Allegorie ließ sich etwas von den großzügigen fernöstlichen Auffassungen über die seltsame Wanderung übertragener Bedeutungen von Form zu Form ahnen, über Freiheiten oder Beliebigkeiten, die den Begriff von der Funktion der Symbole in der westlichen Kunst und Kultur bei weitem überschritten. Gerade in dem Jahr meines Besuchs in Nordkorea begann der Bau des Tokioter Rathauses, das, bewußt oder nicht, aber äußerst indiskret die berühmte Kathedrale von Chartres »zitiert«. Die nicht besonders elegante japanische Replik aus Beton war mehr als doppelt so hoch und mächtig wie das sakrale Vorbild. Aber obwohl es die gotische Silhouette der Kathedrale zu wiederholen versuchte, ähnelte es ihr etwa so wie ein träger Ochse einer jungen Gazelle im Sprung. Es bleibt eine jener weise-naiven Fragen, auf welche die naiv-weisen Theoretiker der Postmoderne keine Antwort wissen: Warum sollte ein Verwaltungsungetüm mit mehreren tausend Büros, Depots, Archiven, Aufzügen und Hygieneräumen einem Tempel gleichen? Etwas drastischer formuliert könnte die Frage lauten: Warum sollte ein Hotel Kim Il Sung oder umgekehrt eine gigantische Kim-Il-Sung-Statue einem Hotel gleichen?

Der Sohn des Volkes – der die Last der Zukunft bereits symbolisch von seinem Vater aus Beton übernommen hatte – trainierte für seine spätere Aufgabe und kümmerte sich um vieles. Er traf zum Beispiel Entscheidungen über die Planung und Ausführung von Denkmälern. Zu wessen Ruhm, darüber brauchte er sich nicht den Kopf zu zerbrechen – man wußte es. Und so schrieb der Sohn Wettbewerbe aus, verteilte Preise, überwachte die Arbeiten. Einige Denkmäler waren äußerlich weit besser und teurer ausgeführt als die Wohnstätten der lebenden beziehungsweise vor Erschöpfung und Unterernährung halbtoten Utopier.

Eine dieser Inszenierungen beschäftigte mich besonders: Ein elegantes geflügeltes Pferd, ein Pegasus, bäumte sich ganz versilbert oder sehr kunstvoll verchromt von einem künstlichen Abhang mitten in der Stadt auf. Durchschnittlich gute Art déco. Es hätte auch auf einer der letzten kolonialen Ausstellungen aus den frühen dreißiger Jahren stehen können. Wie sich jedoch der heitere und verspielte geflügelte Hengst in die finstere Vorstellung künstlichen utopischen Glücks verirrt hatte, war nicht zu ergründen. Trotzdem darf man nicht glauben, daß er als Fremdkörper, als Form jenseits des koreanischen kulturellen Kontextes die Stadtbewohner irritiert oder auch nur gleichgültig gelassen hätte. Im Gegenteil, als Erscheinung von einem anderen Planeten rief er Bewunderung, Respekt und ein bißchen abergläubische Angst hervor – was möglicherweise insgeheim beabsichtigt war.

Wenn ich für die Hotelparabel insgeheim die Japaner beschuldigte – sie hatten damals einige große Bauvorhaben in Pjöngjang –, so wies der silberne Pegasus auf andere Spuren hin. Gute europäische Schule zweitrangiger Bildhauerkunst, aber ein halbes Jahrhundert verspätet. Das Rätsel war für mich eine Art parapsychischer Anstoß, an einen sehr alten, vergessenen, überholten europäischen Bildhauer zu denken oder sogar an einen koreanischen Meister, der seine künstlerische Jugend in Paris verbracht hatte.

Was jedoch einen stämmigen, dicklichen Kim Il Sung betraf, der als massiv vergoldete Masse einen Park oder Platz beherrschte, so war der sonst streng verbotene Rückgriff auf die Tradition mehr als erlaubt. Der Diktator war eitel und legte Wert auf gute Kondition. Schon bei der ersten Begegnung mit ihm war zu bemerken, daß er nicht beleibt war. Als Statue hatte er zusätzliche Pfunde und betonte Rundungen mit einem soliden Bauch bekommen, der sich unter dem goldenen Uniformmantel abzeichnete. Also eine kaum verhohlene Anspielung auf die Buddha-Statuen, die ansonsten für alle Fälle an unzugängliche Orte gebracht worden waren.

Der Junge, Kim Jong Il, interessierte mich. Ich ahnte, daß er meine seit früher Jugend betriebene Sammlung seltsamer bunter Schmetterlinge kolossal bereichert hätte. Ich gab diskret zu verstehen, daß ich ihn gern kennenlernen würde, doch meine Begleiter überhörten höflich das vorsichtig geäußerte Anliegen. Wer weiß warum! Vielleicht weil der Sohn des Volkes gerade auf einer seiner moralisch-politischen Tourneen war. Er reiste ständig durchs Land, erteilte Lehren und gute Ratschläge, ertappte böse Bürokraten, Betrüger und Dämonen bei Untaten und ging ihnen an die Gurgel. Oft spielte er die klassische Rolle des als Bettler verkleideten Prinzen, der Unrecht und Frevel aufdeckt und die Missetäter an Ort und Stelle bestraft (das ist nur eine Vermutung). Außerdem kümmerte er sich um die Entwicklung der schönen Künste. Er liebte lange und nützliche Gespräche mit Theaterleuten und besonders Schauspielerinnen. Er empfahl ihnen Unschuld bis zur Eheschließung und erläuterte philosophisch, daß Ehebruch den Gesetzen der kosmischen Schönheit und Harmonie entgegenstand. Marx diente hier offensichtlich nicht als Vorbild.

Eine Eigenart des utopischen Geistes ist die gesellschaftlich kontrollierte Unterdrückung von Sex. Campanella plante für seinen idealen Sonnenstaat sogar eine Art Sex-Polizei, die das Recht hatte, ihre Nase in jedes Haus und jedes Bett zu stecken. Alles natürlich im Namen utopischer engelhafter Reinheit. Charakteristisch für diesen Geist absoluter Keuschheit ist, wie ich glaube, eine Szene, die ich in Pjöngjang im Theater gesehen und mir gemerkt habe. Zwei junge Menschen wanden sich auf der Bühne in unendlicher Verlegenheit, bis ihnen die Regie erlaubte, sich, abgewandten Blicks, mit den Fingerspitzen zu berühren. Und dabei erröteten sie noch. Der Schauspieler und die Schauspielerin hatten sich dermaßen in ihre Rollen und in die guten Ratschläge vom Sohn und Freund des Volkes eingelebt, daß sie rot wurden wie zwei Äpfel.

Endlich kam der große Tag, sonnig und eiskalt. Wir fuhren stundenlang in eher nördliche als nordwestliche Richtung, verließen das Flachland und näherten uns den Bergen. Der große Führer erwartete unseren Besuch. Als wir schließlich ankamen, stand ich wieder vor einem Rätsel: Wir gelangten durch einen Tunnel ans Tageslicht und befanden uns in einem natürlichen Kessel ähnlich wie dort, wo unser Domizil lag. Das Ideogramm war mehr als klar. Der See, die Residenz am Ufer, mit dem Gesicht zum Wasser und nach Süden, mit dem Rücken zu einem steilen Abhang und nach Norden. Und alles umgeben von hohen Erdwällen, so daß Zu- oder Abgang nur durch den Tunnel möglich waren. Da nichts auf eine künstliche Modellierung des Terrains, Einkerbungen oder Aufschüttungen hinwies, schloß ich, daß bei der Wahl der Orte für Herrscherresidenzen auch in Korea eine uralte fernöstliche geomantische Zauberformel gültig sein mußte. Ich strengte mein Gedächtnis an und kam am Ende darauf: Um aus dem Palast entsprechend den konstitutiven Grundsätzen der Welt herrschen zu können, mußte der Palast einen »Drachen«, also einen Berg hinter sich haben und von der anderen Seite nach Süden, über das Wasser ins »Licht« blicken. Der chinesische »mystische Positivismus« (Marcel Granet, »Das chinesische Denken«) mußte auch beim Aufbau des Sozialismus in Korea eine Rolle gespielt haben.

Der Empfang war einfach, ungezwungen, sogar angenehm. Zwischen Belgrad und Pjöngjang herrschte keine besondere Brüderlichkeit und noch weniger Bissigkeit und Spitzfindigkeit. Die Grundschule in der nordkoreanischen Hauptstadt, die Titos Namen trug, wurde weder erwähnt noch wurde danach gefragt, ob in Belgrad weiterhin die nach dem Genossen Kim Il Sung benannte Grundschule existierte. Wäre ich gefragt worden, ich hätte nicht antworten können. Und dann kamen die Geschenke an die Reihe. Ich überreichte dem Großen Führer das, was mir mein Protokollchef in die Hand gedrückt hatte. Es war eine aus Nußbaumholz geschnitzte Gusle – ich hatte keine Ahnung von dieser weisen Entscheidung. Aber das war nicht zu ändern, und um mir nicht ganz dumm vorzukommen, dachte ich: wie der Heilige, so die Hymne. Trotzdem erschrak der Heilige. Offenbar mochte er keinen Gegenstand berühren, dessen Sinn und verborgene Macht er nicht gleich einschätzen konnte. Die Pause wurde peinlich. Man mußte irgendwie erklären, was eine Gusle ist und warum gerade sie als Geschenk überreicht wurde. Ich erläuterte, daß Gusle und Guslespieler in der mündlichen Literatur, bei der Weitergabe von Traditionen und auch politischen Botschaften die Rolle des heutigen Agitprop gespielt hatten. Kim lachte. Er hatte einen gewissen Humor, jedenfalls im Umgang mit Ausländern. Die andere Seite seines Humors war mir an dem Abend noch nicht bekannt.

Als ich mich am nächsten Morgen, begleitet von kosmischen Geräuschen und Düften, für die Abreise fertigmachte, kamen die Tageszeitungen. Mitten auf der Titelseite war ein großes, genauer, breites Foto vom gestrigen Empfang. Es war unmöglich, sich nicht an die Szene zu erinnern: die unbeweglichen Scheinwerfer, der zappelige und hochnervöse, vielleicht auch ängstliche arme Teufel von Fotograf mit seiner teuren japanischen Plattenkamera. Er scheuchte uns alle außer Ihm, Er stand ruhig und gelassen da. Wir hingegen mußten uns dauernd um ein paar Zentimeter nach links oder rechts, nach vorn oder hinten bewegen. Doch das störte die gute Stimmung nicht. Der große Führer und ich sahen uns in die Augen und redeten, oder taten so. Und alle anderen strahlten uns selig an. Aber auf dem Zeitungsfoto sah ich ihn freundlich an und tat, als hörte ich ihm zu, er jedoch – ich schwöre es bei allen koreanischen Dämonen – schwieg liebenswürdig und blickte ein bißchen über die gedachte Linie eines gedachten Horizonts nach links – wohl in eine ferne Zukunft.

Ich konnte mich nicht genug wundern, denn etwas stimmte hier nicht. In der Bibliothek griff ich mir die Tag um Tag angehäuften Zeitungen. Die Titelseiten waren ohne Fotos, außer wenn der Präsident der Koreanischen Demokratischen Volksrepublik offizielle Delegationen empfing. Überall dasselbe Format, dieselbe Anordnung der Gäste und dasselbe einmontierte Porträt von Kim Il Sung, etwas jugendlicher als in natura, aber immer mit demselben Blick nach links oder halblinks. Welche ideologisch tadellose Haltung! Doch was diesen schelmischen, welthistorischen Blick in die Zukunft betrifft, so lag das leider an einer tragischen Geschwulst hinter dem linken Ohr, die der »Sohn der Himmlischen Harmonien«, den kaum einer seiner Untertanen live zu Gesicht bekam, auf den Fotos verdecken mußte. Ich fragte mich, was gewesen wäre, wenn ihm das Schicksal dasselbe Geschenk unters rechte Ohr gesetzt hätte und er auf den Fotos in eine rechte Zukunft hätte schauen müssen?

Nach dieser Entdeckung ging ich im Flugzeug noch einmal den ganzen gestrigen Tag durch, besonders die

Rückkehr. Wir hatten die lange Fahrt unterbrochen, um ein wenig eisige, kristallklare Luft zu schnappen. Die ärmlichen, wie Festungen ummauerten, wahrscheinlich schon in früher Dämmerung abgesperrten Dörfer lagen da, als zweifelten sie an der eigenen Existenz. Keine menschliche Stimme, kein Viehgebrüll, kein Hund bellte. Eine knappe Woche später erzählte ich unserer neuen Bekannten, der »Schwalbe vom Felsenufer«, die uns in Peking abholte, von diesem Erlebnis, und sie lachte:

»Sie haben nirgends in Nordkorea einen Hund bellen hören, sagen Sie?«

»Ich bin völlig sicher.«

»Das konnten Sie auch nicht«, entgegnete sie. »Dort sind alle Hunde längst aufgegessen.«

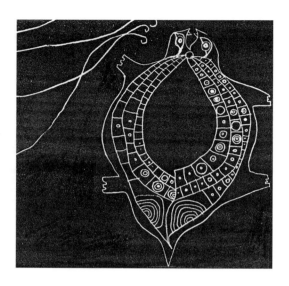

Vier Pfeile

Im weiteren Verlauf der Reise, zwischen Pjöngjang und einem chinesischen Grenzflughafen und dann in der Maschine nach Peking, blätterte ich in meinem Büchlein »Urbanistische Mythologeme«. Ich weiß, daß es ungewöhnlich ist, sich in ein unbekanntes, fast mythisches Land aufzumachen und unterwegs das zu lesen, was man gut zwanzig Jahre, bevor man wirklich hingelangte, über dieses Land geschrieben hat. Man versucht Fragmente des alten Textes zu verstehen und fragt sich, was man von dem, was man damals »blind« notiert hat, sehen wird oder nicht. Und dann denkt man ein wenig darüber nach, was man sich dabei gedacht hat.

Zum Beispiel wird man sich erinnern, daß im Rahmen des einstigen chinesischen »mystischen Positivismus« die wirkliche, kenntnisreich geplante und erbaute Stadt eine philosophische Botschaft höchster Ordnung war. Die Stadt war der Sitz geheimnisvoller intellektueller Kräfte (oder sollte es sein), eine natürlich platonische Form des Wohlverhaltens, wobei der Ausdruck Wohlverhalten einen klaren kosmologisch-magischen Beiklang hat. Im Einklang mit dieser Auffassung ist der Herrscher in seiner Stadt der »Große Mensch«, der »Wahre Mensch«, der »Einzigartige Mensch«, und das mußte er sein, weil sein oder seiner Umgebung kleinster Verstoß gegen die Etikette die Gesetze der Harmonie in der Natur stört und manchmal bösartig den Lauf der Sonne anhalten, den Strom der Zeit unterbrechen, die Mißlaune eines Flusses anstacheln kann.

Läuft indes alles, wie es soll, dann lebt der erhabene Fürst ruhig in der Mitte der Stadt und geht seinen vielen Pflichten nach. Feierlich langsam und nach den Regeln des ewigen Kalenders schreitet er durch seine Paläste und Gemächer. Mit ritueller dramatischer Geste und zu bestimmter Stunde verlängert er das Strömen der Zeit und weist der Sonne und den Sternen ihre täglichen und jährlichen Bahnen …

Natürlich ist bekannt, daß jedes Handwerk sein Gerät braucht, und darum war das wichtigste Utensil der Ordnung die Stadt selbst, ihre Form und all die magischen Eigenschaften, die aus dieser Form hervorgehen. Darum hatte die Stadt – dieses Gefäß, dieses Gerät, dieses Werkzeug – stets die Form eines Quadrats, dazu vier Tore an den zwei idealen, unsichtbaren Achsen, den Hauptrichtungen Nord-Süd und Ost-West. Diese mathematische und geometrische Strenge war nicht nur erforderlich, weil nach den Gesetzen der magischen Analogie die Umrisse der Stadt den Umrissen der quadratischen Welt gleichen mußten, sondern weil es die praktische Regie der großen Rituale verlangte:

> Durch die vier Tore wurden feierlich und mit Musikbegleitung die verschlissenen Tugenden aus der Stadt verjagt, denn, wie die uralte chinesische politische Philosophie lehrte, gab es nichts Gefährlicheres als verschlissene Tugenden!

Sich ihrer im rechten Augenblick und auf rechte Weise zu entledigen, war dasselbe wie eine magische Reinigung der Stadt und ihrer Wege, damit die verjüngten Tugenden zurückkehren konnten. Eigentlich war all das nur die Einleitung zu einer noch bedeutsameren sakralen Handlung:

> Einmal jährlich schoß der Herrscher von den Stadtmauern über den Toren je einen Pfeil in Richtung der vier astronomischen Pole ab, dorthin, wo der Himmel an die Erde geschmiedet war und die Konstruktion der Welt am leichtesten nachgeben konnte ...

Das war eine unerhörte Einmischung durch den Herrscher, die weitestreichende, würdigste, moralischste, aber auch perverseste, vielleicht gefährlichste, die je von einer urbanologischen Gnosis vorgeschrieben wurde; sie verriet das Geheimnis, wie man aus der Stadt – mit Hilfe großen Wissens – die Jugend der Welt erneuern konnte und mußte.

Was das persönliche Geschick der Herrscher betrifft, so ging nicht immer alles glatt:

> Ein chinesischer Kaiser hatte das Pech, daß ihm die Sterne den baldigen Sturz vorhersagten. Damit fand er sich nicht ab und wandte viel Wissen und Kunst auf, um

sich dem Willen des Schicksals zu widersetzen. Aber vergeblich (wie wir sehen werden). Er zog durch die Stadt und den Palast – also den größeren und schöneren Teil der Stadt – eine hängende Straße, eine gedachte Achse, die ein Ebenbild der Milchstraße gewesen sein soll, befestigte an diesem geheimnisvollen Himmelsweg seine 360 Paläste und verband sie untereinander mit vielen sich kreuzenden unsichtbaren Pfaden.

Dafür fand er auch eine sehr überzeugende philosophisch-dichterische Erklärung: »Wenn die Untertanen erfahren, wo sich der Menschenherrscher aufhält, wird der Himmel in Unruhe geraten.« Ob die Untertanen erfuhren, was sie nicht sollten, ob der Himmel rebellierte oder ob Wissenschaft, Poesie und Philosophie völlig versagten – jedenfalls wurde dem Kaiser der Garaus gemacht. Aber auch für dieses banale historische Unglück hatte kaiserliche Weisheit ihre Vorkehrungen getroffen: Schon zu Lebzeiten ließ der Kaiser ein riesiges unterirdisches Grabmal errichten. Es war von ewigen Ampeln beleuchtet. Hindurch flossen lebende Wasser, die den Blauen und den Gelben Fluß symbolisierten und von speziellen Maschinen bewegt wurden. Der Himmel des Grabmals war mit Sternen und Tierkreiszeichen geschmückt, und das ganze Bauwerk reichte hinab bis zu den unterirdischen Quellen. Als schließlich der Leichnam des Herrschers sein majestätisches ewiges Haus bezog, brachte man dorthin auch alle kaiserlichen Meister, Handwerker, berühmtesten Wahrsager, Astrologen und Akademiker, damit sie ihm auch weiterhin mit guten Ratschlägen zur Hand gehen konnten.

Also wurde diese symbolische Totenstadt nur angelegt, damit man aus der Unterwelt die obere beeinflussen und über alle herrschen konnte, die vorübergehend noch unter der Sonne weilten.

Und hier eine meiner damaligen Schlußfolgerungen am Ende eines längeren Kapitels über chinesische urbanistische Mythologeme:

> Obwohl uns vieles an einer solchen Idee nicht gefallen muß und sie uns sogar schaudern lassen kann, ruft sie doch Bewunderung hervor, weil sie exklusiv und sehr klar ist: Wenn dort irgendwo ›bei ihnen‹ gut und kenntnisreich Zahlen und Maße gewählt, kosmische Achsen gezogen und magisch-rituell angespannt werden, werden nicht auch wir hier (das meinte, ›wir hier auf dem Balkan‹) uns jenseits der Gesetze von Harmonie und Ordnung finden, werden wir nicht der Zeit und Welt beraubt sein, wie wir sie begreifen?

Übrigens erschien das Büchlein im Herbst desselben Jahres, in dessen Frühling die erste chinesische Kulturrevolution begann.

Vier in umgekehrter Reihenfolge abgeschossene Pfeile oder Maos Poem von der Umbenennung der Welt

Auf alten Plänen ist leicht zu erkennen, daß die chinesischen Städtebauer von einst einer streng und gerade gezogenen städtischen Arterie oft große Bedeutung beimaßen. Sie verläuft meist in einer der zwei kardinalen astronomischen Richtungen Nord-Süd oder Ost-West und bohrt sich wie ein abgeschossener Pfeil durch das Gewirr der anderen Straßen, Sträßchen, Sackgassen und Pfade. Diese majestätischen Stadtstraßen, manchmal zwei über Kreuz, hatten eine stark symbolische Bedeutung und vielleicht auch einen verborgenen magischen Sinn. Es gab allerdings noch andere Einzelheiten bei der Planung, die auf Leben und Schicksal einer Stadt und ihrer Bewohner einwirken konnten. Eine Hauptachse zum Beispiel, die das Territorium in zwei gleiche Hälften teilte, drückte das Prinzip der Ausgewogenheit aus und rief die Segnungen von Harmonie und Mäßigung herbei. Und wenn zwei esoterische Achsen das Areal in vier Quadranten teilten, sicherten die Regeln der sakralen Geometrie einige weitere und noch kompliziertere wohltätige Wirkungen der kosmischen Harmonie.

Die beim Trassieren beschäftigten Arbeiter mußten laut und unaufhörlich singen. Sie taten es feierlich, rituell, um den himmlischen Frieden herbeizurufen, und sie sangen auch, wenn sie keine Lust dazu hatten, nur damit nicht ein Galgenstrick unter ihnen ein böses Wort sagte und damit die Errichtung der magischen Achsen störte und die Stadt auf immer einem schlimmen Schicksal auslieferte.

Das waren damals sehr kluge Vorsichtsmaßnahmen. Doch später verloren die urbanistischen Unternehmungen allmählich ihren magischen Sinn, und die symbolischen Achsen nahmen immer mehr einen rituell philosophischen, vielleicht auch politischen Charakter an. Die Meister des Daoismus spekulierten bereits mit der lehrreichen Metapher des geraden und rechten Weges im Leben des einzelnen, der Familie, aber auch der Stadt und schließlich im Mechanismus der Welt als Ganzes. In den gesammelten daoistischen Lehren (Daodejing, »Das Buch vom Weg und seiner Wirkkraft«) weist schon das Wort Dao in seiner ursprünglichen Bedeutung und deren Ableitungen auf jene Metapher hin, auf den Pfad des Lebens, der aber so gerade und scharf gezogen ist, als sammelten und verdichteten sich alle kosmischen Kräfte auf einmal in seinem Verlauf. Eine luzide und attraktive philosophische Idee, sofern bei der Vergöttlichung der geraden Linie und der Linientreue nicht mächtig übertrieben wird, weil sonst die Philosophie wie die Politik zur Burleske oder etwas noch viel Schlimmerem werden kann.

Und genau das geschah bei der großen Rekonstruktion Pekings, die, zufällig oder nicht, 1966 begann, als die erste Lawine der Kulturrevolution losbrach. Der Plan des alten Peking ist einer der kostbarsten urbanologischen »Romane«, die je geschrieben wurden. Die Grundidee trägt die sehr betonte, primäre Nord-Süd-Achse, präzise nach den Sternen trassiert und über acht Kilometer lang. Und um diese Haupthandlung ranken sich mehrere hundert räumliche Geschichten und Geschichtchen mit wundersamen Helden: Gärten, Pagoden, Tempeln, bis hin zu den bescheidensten Gäßchen und winzigen Siedlungseinheiten. Die sogenannte innere Stadt ist ein Roman für sich, ein Roman im Roman, und die Verbotene Stadt ein Roman im Roman im Roman!

Mao Zedong wollte mit den Kaisern der Ming-Dynastie wetteifern, doch genügte ihm offenbar nicht, sich in das vor langer Zeit begonnene Spiel einzuschalten und seine Regeln zu respektieren, sondern er beschloß, alle zu übertrumpfen. Er nahm eine grundlegende Umbenennung des Stadtganzen vor und begann, über den längst geschriebenen Text seine eigene Geschichte zu schreiben. An mehreren Stellen beschädigte er die Nord-Süd-Achse und durchschnitt sie etwa in der Mitte brutal mit einer apokryphen Ost-West-Achse. Er wollte die frühere Botschaft überwinden und besiegen. Das Ergebnis seines städtebaulichen Unterfangens ist heute der sicherlich somnambulste Boulevard der Welt, gerade und unerbittlich wie die revolutionäre Gerechtigkeit.

Aus einem Auto in voller Fahrt geschätzt, ist er ungefähr vierzig Kilometer lang. Was die Breite betrifft, so variiert das Lichtraumprofil zwischen 300 und 500 Metern. Mit dieser welthistorischen Tat war das Schicksal besiegelt.

Man hätte Peking natürlich auch nach einem anderen neuen Diagramm (oder eher Ideogramm) erweitern können, ohne die in den historischen Stadtkern eingeschriebene Botschaft anzutasten. Sie hätte nicht entwertet werden dürfen, denn sie war äußerst beredt. In der chinesischen Kosmographie – wie in vielen anderen archaischen Vorstellungen von der Welt – dreht sich die Sonne um eine gedachte Nord-Süd-Achse. Wenn man auf diese Weise die kosmische Symmetrie der Welt betont, kann man die eigene Stadt in das imaginäre Zentrum eines großen himmlischen Wirbels versetzen. Eine so naive wie weise und sehr edle Vorstellung – die Vorstellung, daß die Stadt Teil eines großen Ganzen ist, dem sie sich aus höheren moralisch-kosmischen Gründen nicht entziehen darf.

Ob Mao eine ganz neue Kosmographie, ja eine neue Kosmogonie – die Geburt einer besseren Welt – im Sinn hatte, oder ob er glaubte, daß sich eines Tages auch die Bahnen der Himmelskörper seinem Willen unterwerfen würden, diese delikate Frage hat bis heute keiner seiner Biographen aufgeworfen. Im völligen Widerspruch zu derart grandiosen Prämissen erschien auf dem Tian'anmen-Platz, diesem »Größten Platz der Welt«, nach Maos Tod ein Mausoleum, das die ästhetischen Standards einer Messehalle in den Normen von Ceaușescus damaligen architektonischen Champions noch übertraf. Und was noch finsterer ist: Es entwertete noch einmal die schon entwertete Stadtachse und schloß definitiv jede Möglichkeit ihrer sinnlichen Wahrnehmung im Raum aus.

Gegenüber dem Mausoleum, etwa 500 Meter entfernt, stand Mitte der achtziger Jahre und steht zweifellos noch heute ein revolutionäres Memento mit Maos eingravierter Anweisung für die Ewigkeit. Es folgt der Form der traditionellen chinesischen Stele, ist aber irrwitzig vergrößert. Schätzungsweise vierzig Meter hoch ohne das Stufenpostament. Dieser steinerne Phallus, sicher wieder der größte auf der Welt, war nur ein zusätzliches kaiserliches Attribut, wirkte aber zumindest für westliche Augen fast dadaistisch. Alles in allem der völlige Konkurs einer geistig reichen, alten Zivilisation, die ihre ruhmreichen künstlerischen Codes nicht in unsere ruhmlose Zeit hinüberretten konnte.

Meine Begleiterin war – den Namen habe ich vergessen, aber die Übersetzung behalten – die »Schwalbe vom Felsenufer«. Eine schöne und kultivierte, intelligente junge Frau, die nichts Besseres zu tun gewußt hatte, als Serbokroatisch zu lernen und in Belgrad eine Dissertation über die Selbstverwaltung in der Kultur und über die Kultur unter den Bedingungen der politischen Selbstverwaltung zu schreiben. Im damaligen Jugoslawien gab es einen Berg von Doktorarbeiten und massenhaft Doktoranden, die sich mit den Problemen der Selbstverwaltung in der Kultur beschäftigten. Ihre Forschungen waren meist technischer Natur und fragten stets nach dem Wie, doch nie nach dem Warum. Also langweiliges Zeug über Programmierung, Finanzierung, Institutionen und Zuständigkeiten mit vielen und krampfhaften Zitaten aus Marx und Engels. Niemand jedoch kam auf die umgekehrte Frage, was die Kultur in der schon populistischen und etwas mafiosen Jugo-Version überhaupt sein konnte. Ich glaube nicht, daß meine Begleiterin beabsichtigte, dieses zweite Thema so zu bearbeiten, wie ich es sah. Aber so oder so mußte die Frage im Rahmen der chinesischen rituellen Logik der Mandarine auch im Spiegel betrachtet werden!

In späteren Gesprächen vertraute mir die Dame arglos und etwas sorgenvoll an, daß sie Probleme mit unserer westlichen Dialektik hatte und täglich nicht mehr als zwei, drei Seiten von Hegels »Phänomenologie des Geistes« lesen konnte, ohne dabei einzuschlafen. Ich nahm ihr die Minderwertigkeitskomplexe in bezug auf die westliche Philosophie, als ich ihr gestand (illoyal gegenüber den Herren Philosophen), daß auch in unserem Kulturkreis häufig über Hegel gedöst wurde und ich selbst nicht frei von dieser Schwäche war.

Meine Begleiterin hatte eine tragische Jugend. Die Kulturrevolution hatte ihr den Vater, einen Professor für Raketentechnik, entrissen; sie selbst war zur Umerziehung aufs Land geschickt worden. Zwei Jahre hatte sie auch im Winter auf dem kahlen Boden geschlafen und damit ihre Gesundheit ruiniert. Da ich keinen Grund hatte, mit ihr nicht aufrichtig über Gott und die Welt zu reden, kam die Rede auf Maos Mausoleum. In Peking sprach niemand von ihm. Vielleicht war er auch vergessen, da seine Epoche für immer vorüber schien. Sein Porträt war weder am Eingang zur Verbotenen Stadt – wo es sich heute wieder befindet – noch in städtischen oder staatlichen Gebäuden. Das ungefüge postume Bauwerk stand da, wo es noch heute steht, und beeinträchtigte die historisch-anthropologische Formel, reichte also tief hinab in die symbolische Persönlichkeit der Stadt Peking. Das luxuriöse, riesige, sinnlose und häßliche Gebäude durchquerte physisch und verstopfte visuell die traditionelle Tiefenperspektive. Zum Beispiel für den Blick in die Tiefe der Stadt vom Kohlehügel, der malerischen Erhebung nördlich der Verbotenen Stadt, und natürlich auch umgekehrt für den Blick von unten. Ich regte mich auf, als ich definitiv begriff, was den Augen künftiger Generationen alles verborgen bleiben würde. Noch mehr bestürzte es mich, als ich endlich einsah, daß man nicht mehr ungestört auf der Trasse der »magischen Achse« durch die alte Hauptstadt spazieren konnte. In mir rebellierte der fast vergessene Freund Johnnie Walker, der mich von Jugend auf gelehrt hatte, daß das Gehen eine Methode zum Erkennen von Natur und Stadt ist.

Resigniert fragte ich mich nach einer tröstlichen Lösung, die traditionellen Wanderwege wiederzubeleben. Ich fragte mich laut, warum sich beispielsweise die Fußgängerpiste, Laotses Dao nicht unmerklich in den Orkus hinabsenken und unter Maos ewigem Haus hindurchführen könnte. Die Idee war nicht gerade berühmt. Im Gegenteil, für einen Architekten war sie sogar beschränkt. Den inspirierten Fußgängern aller Länder würde zwar ermöglicht, mit ihren Schritten den Sinn des Symbols (Mircea Eliades »axis mundi«) zu erfassen, aber viele andere würde ein Dao, der sich erst senkte, um dann wieder anzusteigen, wahrscheinlich nur an die Rampen einer unterirdischen Garage erinnern.

Die »Schwalbe vom Felsenufer« hörte mir aufmerksam zu, ich weiß nicht, ob bewundernd oder erstaunt. Als wir am nächsten Tag zum Rathaus fuhren, erklärte sie feierlich, fast mitleidig: »Wenn Ihre Idee verwirklicht würde, so würde das leider unangenehme Assoziationen wecken.«

»Natürlich«, sagte ich, »die Rampen würden aussehen wie die Einfahrt in eine Kellergarage.«

»Nein, um Gottes willen, sie würden an die Eingänge

zu den unterirdischen Mausoleen der Ming-Kaiser erinnern.«

Mit anderen Worten, wenn es auch um Mao geht: zuviel ist zuviel! Ich lachte herzlich in dem Glauben, sie habe einen Scherz gemacht, doch bald begriff ich, daß sie inzwischen mit jemandem geredet hatte, weniger aus Respekt vor dem Gast und seinen interessanten Ideen als vielmehr wegen Maos Grabmonument, mit dem man damals offenbar nichts anzufangen wußte.

Bei der Abschlußbegegnung im Rathaus hörte ich mir eine der üblichen Darlegungen über die urbane Zukunft der Hauptstadt an. Die Referenten, meine Kollegen, waren wie überall in jener damals noch »fortschrittlicheren« Hälfte der Welt etwas bescheidener gekleidet als die verehrten Zuhörer. Allerdings kompensierten sie das durch (aufrichtigen?) Enthusiasmus. Den Blick in eine unbestimmte Ferne gerichtet, faßten sie ihre Reden als eine Art Wegweiser in die Zukunft. Wie anderswo waren sie etwas besorgt, ob ihr Schlußwort überzeugend genug sein würde – »völlig wie die Force des großen Dichters, der aus Wahrheit und Lüge ein Drittes bildet«. Versteht sich, daß das nicht immer leicht war, denn die Abhandlungen wiederholten sich häufig, so daß man jedesmal wieder in Schwung kommen mußte. Ich konnte ihren Worten nur in der Übersetzung folgen, bemerkte aber, daß sie trotz angeborener Diskretion der Chinesen mindestens zwei, drei Mal am Ende die Stimme hoben.

Nach gutem altem Brauch der Erbauer »sozialistischer Städte« fand die Rezitation der Saga »Wie wunderbar meine Stadt sein wird« immer in einem Dekor aus rosafarbenen Planpausen und mehr oder weniger geschickten Maquetten statt. Das gab dem Ereignis einen feierlichen, fast liturgischen Charakter. Leider waren diesmal die rituellen Gegenstände – Maquetten und Pläne – nicht eben bezaubernd, wenigstens für meine Begriffe. Es ging um gute, ja sehr gute, äußerst gewissenhafte, zweit- bis drittklassige Konfektion nach vorletzter westlicher Betonbaumode.

An dem erwähnten Morgen war der Rathaussaal eiskalt. Mir schien, daß er im schweren kontinentalen Frost ungeheizt war, was wohl nicht ganz stimmte – aber das veranlaßte mich, mein Hirn ordentlich anzustrengen in der Annahme, daß mich bei heißem, bitterem Tee diese mentale Arbeit erwärmen würde. Es erschreckte mich etwas, daß diese letzte Séance (insgesamt die vierte) nicht propagandistischen Zwecken diente. Denn wer hätte Grund gehabt, vor den leichtsinnigen und unsoliden Jugoslawen zu renommieren, deren Karten seinerzeit auch in China nicht besonders gut standen. Offenbar wollte man von mir hören, was ich über all das dachte, was man mir im ganzen Land großzügig vorgeführt hatte. Natürlich konnte ich das nicht verweigern, zumal ich bei den offiziellen – und vor allem inoffiziellen – Kontakten häufig nicht als Bürgermeister von Belgrad tituliert worden war, sondern als Professor, Architekt, Schriftsteller.

Also begann ich zu erläutern, was ich gesehen und welche Schlüsse ich gezogen hatte. Erst mit etlichen Euphemismen, doch der Kern war: Alles, was man mir gezeigt hatte, verdiente große Komplimente, aber es fiel zumindest mir etwas schwer, das Ergebnis mit den faszinierenden architektonischen Schöpfungen des alten – wahren – China in Verbindung zu bringen. Den Prozeß der Kulturzerstörung erwähnte ich nicht explizit, umschrieb ihn jedoch einigermaßen klar. Die oberflächliche Konfektion der architektonischen Mode von gestern und vorgestern drohte, die bis vor kurzem ganz verschlossene chinesische Welt zu überschwemmen. Die Versuche einer assoziativen Anknüpfung an den Geist der Tradition waren ohne tieferen semantischen Sinn. Die geniale Hand eines alten chinesischen Meisters ließ sich nicht durch die mechanische Hand einer Maschine, die edlen Materialien nicht durch Blech oder Plexiglas ersetzen, und gewisse traditionelle Formen, wenn sie in billigem modernem Material wiederholt wurden, verloren ihren Sinn und konnten sogar grotesk wirken. Noch größere Mißverständnisse waren auf konzeptueller Ebene möglich. Die unsichtbaren metaphysischen Substrukturen architektonischer Ideen, die aus den tiefsten Tiefen einer alten, polyvalenten und multireligiösen Kultur stammten, ließen sich in keiner Weise nachträglich simulieren.

Ich erzählte noch einmal meine, der »Schwalbe vom Felsenufer« bereits bekannte Geschichte von der gewaltsam verdrehten Achse Pekings und tat, als wüßte ich nicht, wer hinter dieser absurden Idee stand. Mir wurde jedoch klar, daß meine Gesprächspartner über meine Meinung bereits informiert waren, und es überraschte mich angenehm, daß sie in dieser delikaten Frage ähnlich dachten wie ich. An der Wand hing zwischen all den Pausen, aber an zentraler Stelle, auch ein langes Rollbild mit dem berühmten Plan von Peking aus dem 17. Jahrhundert, diesem Meisterwerk jesuitischer Mathematiker, Astronomen und Kartographen. Ich sah ihn bewundernd, um nicht zu sagen verliebt an. Die Anwesenheit dieses altertümlichen Plans mit der stark betonten Nord-Süd-Achse kam mir wie eine diskrete Ermutigung vor, alles zu sagen, was ich dachte. Trotzdem verlief das

Gespräch über die skandalöse symbolische Umgestaltung der Hauptstadt der Ming-Dynastie nicht geradlinig. Um Maos Namen gingen wir herum wie die Katzen um den heißen Brei. Vielleicht eher wie die Kater – in dem verehrten Gremium wie auch in meiner ruhmreichen Belgrader Eskorte gab es keine Frau. Die »Schwalbe vom Felsenufer« saß etwas abseits und verrichtete, soweit ich nach den serbokroatischen Formulierungen urteilen konnte, ihre Dolmetscherarbeit sehr präzise und intelligent.

Einigen im Saal gefiel dieses Gespräch über das heikle Thema ganz und gar nicht. Sie zeigten mürrische, grobe, fast hätte ich gesagt barbarische Physiognomien. Diese authentischen »Genossen« schienen nicht zu begreifen, worüber wir redeten, und hatten offenbar nicht übel Lust, ihre eigenen Mandarine und den alten Gecken, der ihnen mit seinen revisionistischen Tiraden das Hirn verkleisterte, auf der Stelle zu verschlingen. Man darf heute nicht aus dem Blick verlieren, daß das Gespräch Mitte der achtziger Jahre stattfand, als Deng Xiaoping auf dem Höhepunkt seiner Macht war und viele, nicht nur in China, glaubten, nun wären echte, grundlegende Reformen der verknöcherten kommunistischen Systeme möglich. Was die Mitglieder unserer Delegation betrifft, so hörten sie mir gar nicht zu, denn sie hielten das, was ich sagte, für intellektualistisches Geschwätz, das jemand dort in Belgrad aus unerfindlichen Gründen tolerierte. Außerdem planten sie bereits ihre Einkäufe in Hongkong und machten sich Gedanken, ob sie auf dem Belgrader Flughafen ihre zuverlässigen Zollbeamten antreffen würden.

Der Pekinger Bürgermeister, ein vornehmer Herr, der seiner Stadt und der ganzen Menschheit sichtlich nur das Beste wünschte, fragte mich plötzlich aus heiterem Himmel, ob ich nicht ohne Umschweife sagen könnte, wie ich die Zukunft Pekings sähe.

»Tja«, begann ich, alles nach Noten, »ich bin überzeugt, daß Sie schon in den ersten Jahrzehnten des nächsten Millenniums eine große, moderne, technisch perfekt ausgestattete Stadt haben werden, aber ...«

»Aber ...« fragte der Bürgermeister nach.

»Aber das wird nicht mehr Peking sein!«

Auf einmal verstanden wir alle sehr gut, worum es ging. Selbst die authentischen Genossen blickten um sich wie auf der Jagd nach unsichtbaren Vögeln in der Luft. Vielleicht ging einigen allmählich auf, daß hier keine Verschwörung der gezahnten und zahnlosen Tiger vorlag, die so einmütig miteinander diskutierten. Der Bürgermeister fuhr fort:

»Wir sehen ein, daß etwas nicht in Ordnung ist, und sind bereit, einen guten Rat anzunehmen.«

Das Dumme war, daß Schwierigkeiten und Mißverständnisse auch mit den besten Ratschlägen nicht Hals über Kopf geklärt und schon gar nicht ausgeräumt werden konnten. Um meine Gesprächspartner zu ermutigen, fügte ich hinzu, daß das nicht nur ein chinesisches Problem war. Ich erinnerte sie, daß wir in einer Zeit der bisher nicht gekannten Expansion entpersönlichter alter und gesichtsloser neuer Städte lebten, und daß die gemeinsamen Nöte dieser Welt auch in der chinesischen Variante nur sehr allmählich mit den guten Ratschlägen der eigenen, nicht geringen historischen Weisheit zu überwinden waren. Ich fühlte, daß in mir die Schleusen brachen und ich trotz meiner richtigen Thesen zu deklamieren anfing. Da meldete sich wieder der Bürgermeister:

»Ihr Mandat im Belgrader Stadtparlament ist fast zu Ende, und als Professor gehen Sie nächstes Jahr in den Ruhestand …« Ehe ich erschrecken und fragen konnte, woher sie das alles so genau wußten, fuhr mein Gesprächspartner fort: »Es wäre uns eine große Ehre, wenn Sie sich entschließen würden, als mein persönlicher Berater ein paar Jahre in Peking zu verbringen.«

Um irgendetwas zu sagen, brachte ich in meiner Verblüffung hervor, daß ich die chinesische Küche nicht mochte. Das wurde mit gutmütigem Lachen quittiert. Vielleicht waren sie selbst keine Liebhaber ihrer legendären Spezialitäten. Unsere Betreuerin hatte mir bereits erklärt, daß die berühmte chinesische Küche eine Küche der stolzen und einfallsreichen Armut war und ihre Landsleute sich bei einem Referendum mehrheitlich für einen Liter Milch täglich und gute Schnitzel aussprechen und die Meisterwerke der kulinarischen Kunst aus Fröschen, Sperlingen, Insekten, Hasenohren und vorvorjährigen Eiern großzügig den Touristen überlassen würden.

»Mein Gott« – wieder der Bürgermeister – »wir haben auch eine sehr gute europäische, sogar mitteleuropäische Küche«, was stimmte und schon ausprobiert war. Ich fragte mich, ob sie bereits ausspioniert hatten, was ich gern aß, schob aber weiteres Nachdenken darüber sofort beiseite. Ich mußte mir selbst und den liebenswürdigen Gastgebern überzeugend klarmachen, warum ich den für mich wirklich schmeichelhaften Vorschlag ablehnte.

»Ich bin gerührt, fürchte aber, daß es für eine solche Lebensaufgabe etwas zu spät ist. Ich beherrsche die Sprache nicht und habe nicht genügend Zeit vor mir, um sie perfekt zu erlernen.«

»Sie bekommen Dolmetscher für jede gewünschte Sprache, sagen wir für Französisch.« Sie wußten, daß ich in Suzhou und Shanghai um einen Dolmetscher vom Fach gebeten hatte und mir ein junger, in Frankreich ausgebildeter Konservator beigegeben worden war.

»Leider glaube ich nicht, daß Dolmetscher viel helfen würden. Denn ohne Kenntnis der Sprache (und in China auch noch der graphischen Sprache) kann man nicht in die Sprache der Architektur und alle Finessen des architektonischen Denkens eindringen. Und ich müßte mich in das Denken meiner chinesischen Architektenkollegen vertiefen, um überhaupt einen brauchbaren Ratschlag anzubieten.«

Dieses Argument leuchtete ein. Aber gerade deshalb insistierten sie weiter. Ihnen war klar, daß ich begriffen hatte, was von mir erwartet wurde. Der Bürgermeister hatte eine Menge anderer ausländischer Ratgeber, die ihm bei jeder Gelegenheit und Ungelegenheit mit vollen Händen Empfehlungen unterbreiteten. Meine Gastgeber brauchten Hilfe in vielen für sie neuen und verwirrenden Situationen, aber sicher keine leichtfertigen und oberflächlichen Weisheiten. Mein skeptischer Ton flößte ihnen wohl zusätzlich Vertrauen ein, und die Überredungsversuche gingen weiter, nun schon in entspannter, inoffizieller Form.

Das Angebot war verlockend. Es wäre schön gewesen, ein paar Jahre in China zu leben, so gut es ging die uralte chinesische Philosophie der Stadt zu ergründen und dann die Mühen der alten und neuen chinesischen Städte im Vergleich mit der modernen hyperurbanisierten Welt zu beobachten. Die Krise der Armut mit der umgekehrten Krise in der anderen Hälfte der Welt zu vergleichen, eine durch Überfluß und Übersättigung hervorgerufene Krise des Leichtsinns und der Unvernunft. Und noch ein bißchen über das Schicksal der Stadt und der Zivilisation insgesamt nachzudenken, so aus Spaß, als Philosoph oder als Pensionist.

Aber es gab auch ein ernsthaftes Gegenargument. Peking als Stadt, die sich gerade zu einer gesichtslosen fernöstlichen Megalopolis wandelte, war zweifelsfrei eine sehr interessante Fallstudie, doch nicht angenehm zum Leben. Kurz gesagt, es gefiel mir nicht. Das hatte ich sofort festgestellt. Wäre mir in Shanghai ein solches Angebot gemacht worden, fragt es sich, ob ich widerstanden hätte. Natürlich veränderte sich auch Shanghai und entwickelte sich zusehends zu einem weiteren modernen urbanen Monstrum unserer Zeit. Seinen romantischen Charakter würde es aber noch ein paar Jahrzehnte lang nicht verlieren. Shanghai war noch immer die Stadt aus den Stumm- und ersten Tonfilmen, die Stadt des euro-chinesischen, heute ganz vergessenen Schauspielers Shang Lin, die Stadt von Marlene Dietrich und dem »Shanghai-Expreß«. Die Idee, mich selbst zeitweilig in dem euro-amerikano-chinesischen Dekor der zwanziger Jahre, also der Welt meiner Kinderträume aufzuhalten, war ziemlich dekadent, so daß ich sie vor meinen Gastgebern gar nicht erst äußerte.

Das Abschiedsritual mit lauter leerem Gerede war nicht zu vermeiden. Doch als alle der Reihe nach das ihrige deklamiert hatten, befahl der Bürgermeister, den großen Plan des alten Peking (die bestmögliche heliographische Kopie) von der Wand zu nehmen, und las mir die lange kalligraphische Widmung vor, die fast wie ein Gedicht in Prosa klang. Die handgewalzte, gut zwei Meter lange, auf Seide gespannte Papierbahn wurde wieder um die Bambusstangen gerollt und mit grünlich-violetten Seidenbändern zusammengeknüpft. Mit einer zusätzlichen, weit kürzeren und spontaneren Ansprache überreichte er mir schließlich den kostbaren Plan als persönliches Geschenk. Ich kannte den Plan aus der Literatur, er wurde häufig veröffentlicht, doch immer nur nach hastig, vielleicht auch illegal aufgenommenen Fotos. Die Chinesen zeigten Kopien der Pläne ihrer alten Städte nicht gern vor, ganz zu schweigen vom Verschenken. Da diese Pläne keinen direkten faktographischen Wert mehr haben, enthalten sie auch keine militärischen oder wirtschaftlichen Geheimnisse. Das abergläubische Zögern, sie herzugeben, mußte tiefere psychologische Gründe haben. Vielleicht auch die Überzeugung, daß derjenige, der sie in die Hände bekam, sie leichtfertig und oberflächlich interpretieren könnte. Vereinfachungen sind in alten traditionellen Kulturen gewöhnlich sehr verletzend. Das Geschenk war also ein Zeichen nicht nur der Aufmerksamkeit, sondern auch des Vertrauens. Und vielleicht eine zusätzliche Erinnerung an das schmeichelhafte Angebot.

Über Parallelepipedie

Das kostbare Geschenk des Pekinger Bürgermeisters, der jesuitische Plan der Stadt, hing ausgerollt über den Büchern in der Bibliothek. Er wirkte beruhigend. Das tat er sogar noch, als sich kurz nach meiner chinesischen Reise in Belgrad Miloševićs »Volk ereignete«, das Vorspiel zu einer Serie südslawischer Kriege. Der Blick auf das Gewirr der alten Pekinger Stadtachsen und Labyrinthe, auf die Paläste, Gärten und Seen, Straßen und Gassen, Wohnviertel und Siedlungen, auf die ganze Galaxie einer alten, fast mythischen Stadt der Städte gab mir Kraft, auch über Dinge jenseits des heimischen Unflats nachzudenken, mich durch die Rückkehr zu authentischen Themen zu retten. Ich befaßte mich mit den Mißverständnissen der großen Zivilisationen – nicht ihrer balkanischen Reste –, die einander soviel Bewundernswertes zu bieten vermochten, wenn sie nur imstande waren, einander geduldig zu lesen und zu begreifen. Statt dessen fressen sie einander unbarmherzig auf. Besser gesagt, eine frißt alle anderen. Denn mit der Verwestlichung kommen in die einstigen Länder der dritten Welt weder Pascal noch Voltaire, noch Goethe, noch Hölderlin, noch Kierkegaard, noch Nietzsche, sondern Hamburger und Coca-Cola und natürlich Beton und sogar Karl Marx, der sich gerade in unserem Jahrhundert als böser Katalysator der Kulturzerstörung erwiesen hat, so paradox es klingen mag, sogar als mittelbarer Faktor des westlichen Kulturimperialismus.

Da ich in meinem Haus eingeschlossen, fast interniert war, hatte ich Zeit genug, mich gründlich zu befragen, ob ich meine Reise nach China nicht schon mit edlen Vorurteilen angetreten hatte. Als ich in den frühen sechziger Jahren die »Urbanistischen Mythologeme« schrieb, lockten mich in den Pariser Seminaren im Musée Guimet die Schüler von Marcel Granet (1884 bis 1940) in die verführerischen Labyrinthe der chinesischen Sicht auf die Welt und die Menschen. War ich zwanzig Jahre später auf dem Weg nach China noch immer überzeugt, daß die dortige Wirklichkeit von respektablen Geistern bewohnt war? Glaubte ich, daß die magisch-animistische Weltsicht der Natur gegenüber weniger feindselig war als die heutige stolze und arrogante exakte Wissenschaft, die uns Ozonlöcher, sauren Regen, Waldsterben, Betonwüsten und apokalyptische Überschwemmungen eingebracht hat? Auf diese Fragen hätte ich vielleicht nicht antworten können, aber ich wollte einen Blick auf die Rückseite des Mondes werfen.

Das Unglück war, daß das chinesische Denken mit

dem allmählichen Abschied von seinen paradiesischen Bildern alle Risiken der westlichen rationalen oder quasirationalen diskursiven Konzeptualisierung einging. Der Charakter des Mißverständnisses wurde mir an harmlosen Beispielen aus der Kunst bald klar. Die chinesische Kalligraphie zum Beispiel ist der artistischen euro-amerikanischen Kalligraphie des Tachismus, Signalismus, der Gebärdenmalerei und so fort weit überlegen. Da ich nicht wußte, wofür ich die Taggelder ausgeben sollte (die chinesischen Souvenirs sind nicht weniger dumm als die westeuropäischen), kaufte ich Bücher, sogar alte, antiquarische. Bücher, von denen ich wußte, daß ich sie nie würde lesen können, die ich aber später in Belgrad oft durchblätterte wie Kunstmappen. Aus den Zeichen, die mir am besten gefielen, schuf ich allmählich ein *musée imaginaire*. Die chinesischen Freunde fanden mein Interesse für Literatur (möglicherweise auch für Hühnerzucht) wahrscheinlich seltsam, aber sie tolerierten meine kleine Manie. Wie alle noblen Orientalen hatten sie nicht nur Verständnis, sondern eine Art gottesfürchtige Hochachtung für Sonderlinge.

Es war jedoch erschütternd zu sehen, daß eine grandiose Zivilisation, in der mindestens jeder zehnte Lese- und Schreibkundige die Zeichen meisterlich anfertigen konnte, voll krankhafter Bewunderung die ekelhaften, nach frühen sowjetischen Mustern gestalteten Figuren von Sportlern, Tänzerinnen oder Helden der Arbeit in den Parks hütete. Zwischen Stein und Gips gab es kaum Unterschiede, aber das war egal, da die meisterlichen Skulpturen immer wie aus Speiseeis wirkten.

Die Symptome der Kulturzerstörung in der Welt der Kunst und Pseudokunst gingen bisweilen bis zur völligen Schizophasie, das heißt zum Umgang mit Worten oder

Sätzen jenseits jedes sinnvollen Kontextes. Zum Beispiel können in der wunderschönen Stadt Suzhou mit ihren Fluß- und Seekanälen, in diesem kontinentalen Venedig, das im Unterschied zum echten auch die herrlichsten »Philosophengärten« hat (noch immer etwa 150), Besucher die berühmten, zur Kaiserzeit gegründeten Manufakturen für Seidenstickerei besichtigen. Die dreißig Mädchen, Meisterinnen ihres Fachs, führen winzige Stiche aus, die ein ungeübtes Auge überhaupt nicht zu erkennen vermag. Sie komponieren nach derselben Schablone langsam, tastend, liturgisch aufmerksam dreißig gleichförmige Christusköpfe. Ein großer Auftrag vom Vatikan. Ich wagte zu fragen, wen das Bild darstellte. Die Antworten waren unbestimmt: »einen kleinen Jungen«, einen »Jüngling«. Jeder alte Meister – Zeichner, Schnitzer, Bildhauer – hätte notfalls einen ganzen Roman über das Wesen, das er darzustellen hatte, erzählen oder erfinden können. Vielleicht hätte er aus Aberglauben nicht gewagt, ohne deutliche Erklärungen an die Arbeit zu gehen.

Meine Gastgeber waren in der Regel kluge Menschen, da die Ernennung in den höheren Dienst schon seit kaiserlichen Zeiten eine Überprüfung der elementaren Intelligenz voraussetzte. Wie diese Intelligenz später genutzt wurde, sagten die Tests der Mandarine nicht voraus. Meinen weisen Gastgebern entging nicht, mit welchem Respekt ich die traditionelle chinesische Lebensweise und die sich daraus ergebende Wohnkultur betrachtete. Sie enthielt mehr als evidente ökologische Vorzüge. Unter anderem beeindruckte mich, daß auch eine bescheidene Familie unter früheren Bedingungen wenigstens zwei, drei Quadratmeter ihres eigenen »Philosophengartens« hatte. Ich hielt mich auch lange vor den winzigen Beispielen städtischer Kunst auf und bewunderte sie. Dagegen besuchte ich mit leichtem Schauder die Betonriesen und hörte mit kaum verhohlener Langeweile die Erklärungen über die ehrgeizigen Projekte an.

Daß ich unterschiedlich reagierte, war offensichtlich. Meinen Begleitern mußte noch rätselhafter erscheinen, daß ich später auf der Reise durch die Städte die alten Pläne mit der neuen Situation verglich. Ich bewunderte rückhaltlos die einstige Kunst der Anordnung von Gebäuden, die Kunst der Trassierung von Straßen und Gassen sowie viele für mich oft neue Ideen der Regulierung. Unwillkürlich verglich ich sie mit der barbarischen CIAM-Routine. Meine chinesischen Kollegen wollten sich gerade ihrer Modernität rühmen, dabei richteten sie sich furchtsam bis unbeholfen nach den meist schon veralteten Stereotypen des technokratischen westlichen Urbanismus aus den fünfziger Jahren des 20. Jahrhunderts.

Die schwerste Enttäuschung, einen echten Schock erlebte ich in Xi'an, Provinz Shaanxi, tief im Inneren des chinesischen Riesenreichs. Nachdem ich in den frühen Vormittagsstunden die dritte Blechtasse mit heißem Tee geleert und mich von meinen Kollegen und den Konservatoren verabschiedet hatte, ging ich hinaus in den kontinentalen Dezemberfrost. Er ließ Stein und Holz zerspringen und erst recht die Seele eines verweichlichten Balkanbewohners. Ich war nicht in bester Stimmung, blies in eisiger Besessenheit in den dicken Handschuh und flüsterte mechanisch vor mich hin: der Tod der Stadt. War nicht das, was ich vor Augen hatte, eine untergehende Stadt?

Damals ahnte ich nicht, daß ich knapp zehn Jahre

später mit dem Gedanken etwas ganz anderes, viel Schlimmeres, ein Buch mit dem Titel »Die Stadt und der Tod« schreiben würde. Dennoch brachte mich das, was ich sah, auf dieses seltsame Syntagma. War nicht das, was da unabsehbar weiß vor sich hin schimmerte, der ordentliche, saubere, buchstäblich klinische Exitus einer sehr alten Stadt, die zu den städtischsten zählte, wenn man so etwas überhaupt messen kann? Auf dem Territorium des heutigen Xi'an hatten sich in den vergangenen zwei- bis dreitausend Jahren die Städte Feng, Hao, Hianyang, Chang'an, Daing, wieder Chang'an abgewechselt, dann das Xi'an der Dynastien Ming und Qing und schließlich das moderne und sozialistische Xi'an.

Übrigens schien die Sonne, so daß die gefrorene Luft wie ein optisches Prisma wirkte. Alles erschien mir kristallklar, mit scharfen Konturen. Ich betrachtete die Stadt von den alten Festungsmauern aus, betrachtete sie ringsum und drehte mich, hüpfend vor Kälte, immer im Kreis herum. So alt wie Troja, hatte Xi'an im Unterschied zu Homers Stadt trotz aller Peripetien bis in unsere Zeit überdauert. Dennoch irrte ich hier durch sterile Räume, spionierte gewissermaßen und fragte mich in philosophischer Verzweiflung: Wo ist denn nun das berühmte, alte, stolze Xi'an? Ich wußte, daß mich meine zuvorkommenden Gastgeber zu den noch immer wunderbaren Tempeln führen, mir beim Erklettern der Pagoden helfen würden, damit ich mir physisch und metaphysisch die symbolischen Stufen der Welt aneignete, so gut ich konnte. Sie würden einen kleinen, netten unterernährten buddhistischen oder daoistischen Opferpriester beauftragen, mir wenig überzeugend alles Nötige zu erklären. Sie würden mich zweifellos auch in einen übriggebliebenen herrlichen Garten führen. Aber wie sollte ich begrifflich eine weise Stadt fassen, die gerade ihre Größe verlor und unwiederbringlich zerfiel? Wo sie in dieser verdammten »Parallelepipedie« suchen? Den deliriösen Ausdruck erfand ich an Ort und Stelle an jenem eisig-sonnigen Morgen. Die parallel stehenden Prismen erstreckten sich in erbarmungslos präziser Anordnung bis ins Unendliche und erinnerten aus der Ferne an die fabrikgefertigten Eisblöcke aus der Vor-Kühlschrankzeit der modernen Zivilisation.

Das Traurigste an der ganzen Geschichte war, daß hier, um einen schon veralteten europäischen Durchschnitt zu erreichen, ohne die traditionellen chinesischen Erfahrungen projiziert wurde, die für die zeitgenössische künstlerische Phantasie sehr anregend hätten sein können. Obwohl die ganze Stadt in Reih und Glied stand, hatte man nicht mit der poetischen Mystik der »Achsen«, der poetischen Magie der »kosmologischen Quadrate« operiert, nicht mit den Harmonien der »weisen Zahlen« gerechnet, dem reichen, auf Stadtpläne übertragbaren Sinn idealer planimetrischer Formen. Aber wo sonst als in China konnten, ja mußten sich die Architekten dem Zauber der Arithmologie und der sakralisierten Geometrie hingeben? Sofern ihnen freilich dieser geistige Luxus nicht verboten war.

Die alte, streng orthogonale städtische Matrix aus den Zeiten der »fünf Dynastien«, nach beiden Seiten unendlich ausgedehnt, wirkte jedoch absurd und erschreckend. All die schneeweißen Schuhkartons aus Beton oder, aus der Nähe betrachtet, Kartons für Siebenmeilenstiefel wandten sich dem Betrachter unter demselben Winkel zu, so daß auch die Schatten in Reih und Glied standen. Es war eine Vision der absoluten Gleichheit, einer Gleichheit in der Entropie. Während ich mir das Geheimnis des gespenstischen Anblicks zu erklären versuchte, fiel mir eine Szene ein, die ich tags zuvor stundenlang fasziniert betrachtet hatte. An der Peripherie von Xi'an nämlich wurde den Touristen ein frisch entdecktes, heute schon weithin bekanntes Wunder gezeigt: die zum Teil ausgegrabenen Infanteristen der Quin-Dynastie. Die in Lebensgröße aus Terrakotta geformten Krieger schritten in Marschkolonne unter der Erde hervor. Dort hatten sie mehr als 2000 Jahre geschmachtet oder ihren Weg gemacht, bevor die ersten von ihnen ans Tageslicht tauchten. Es soll noch mindestens 7000 weitere geben. Ich hatte Zeit, die Einzelheiten zu studieren. Alle waren kunstvoll modelliert und richteten ihren (vielleicht von Drogen?) getrübten Blick diszipliniert in die Ewigkeit. Der Anblick war erschütternd, aber, wer weiß warum, auch possenhaft. Die Besucher meiner Generation, vor allem die euro-amerikanischen, mochten das Bild auch als eine *mise en scène à grand spectacle* aus den frühen Historienfilmen im Stil von Cecil B. de Mille betrachten.

Die Quin-Soldaten bildeten eine ideale Formation, die sich noch weit unter der Erde erstreckte. Und gerade in dieser gleichsam idealen Anordnung verbarg sich auch eine Ähnlichkeit mit dem urbanistischen Schema von Xi'an. Nur gab es einen großen Unterschied. Die Terrakottakrieger hatten das Recht, ihre eigene Physiognomie für die Ewigkeit zu bewahren. Ihre Gesichter waren möglicherweise nach lebenden Modellen gestaltet. Und jedem hatte man ein schmückendes persönliches Detail in Kleidung, Ausrüstung oder Frisur zugestanden.

In der architektonischen Gestaltung der Blocks war kein Wunsch nach Hervorhebung zu erkennen, vielleicht war er auch ideologisch unterdrückt worden. Die zeitgenössische »Parallelepipedie« erkennt das Prinzip der Individuation nicht an. Dieser alte, Leibnizsche Begriff weist in der Anwendung durch Jung auf das Bedürfnis des heutigen Menschen hin, in der großen Vorstellung des Lebens ein Recht auf seine Rolle zu haben, auf seine Gestalt, und wenn man so will, auf seine Locke. Die Eistafeln des modernen Xi'an ließen nicht einmal diese naive Art der Unterschiedlichkeit zu, und ein Gebäude, das sich nicht durch Gestalt oder Frisur wiedererkennen läßt, verspricht auch jenen, die in ihm geboren werden und aufwachsen, keinen großen Reichtum an Selbsterkenntnis.

Beim Abschied von Xi'an dauerte die Fahrt durch die Stadt zum Flughafen etwas länger, und ich wurde das unangenehme Gefühl nicht los, daß wir uns durch dieselben Straßen, entlang derselben Häuserreihen zum Ausgangspunkt bewegten. Dieses gespenstische Erlebnis kannte ich schon aus den modernen Vierteln anderer sowjetisch-asiatischer Hauptstädte. Die Gastgeber fahren einen unermüdlich umher, mit dem kindlichen Wunsch, sich der Modernität ihrer Architektur zu rühmen, und man erinnert sich ständig an jene Unglücklichen, die sich in der Wüste verlaufen haben, ohne Kompaß durch den Sand marschieren und unsichtbare Kreise beschreiben, um stets beim Ausgangspunkt anzukommen. Das Phänomen kann auf verschiedene Weise erklärt und mit verschiedenen Namen bezeichnet werden; ich würde es einfach Entpersönlichung, ja Erniedrigung des Raums im brutalsten Sinne des Wortes nennen.

Und noch etwas Unverbindliches am Rande. Mir schien – ich war übermüdet und konnte allerlei Visionen haben –, daß sie beim Fahren häufiger das Lenkrad von rechts nach links drehten als umgekehrt, was nach archaischer Lesart der Dinge ein Sakrileg gewesen wäre – nämlich eine Bewegung entgegen der Sonnenbahn. Und mit solchen Sachen durfte man einstmals nicht scherzen.

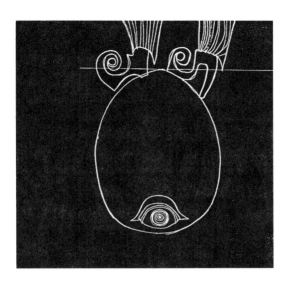

Der Alchimist Johnnie Walker schließt den Kreis

Es ist fast ein halbes Jahrhundert her, daß ich nach durchwachter Nacht an einem nebligen Morgen durch Salzburg schlenderte und die bereits zitierte Notiz verfaßte:

> Vor dem Dom und ringsum. Ein dreigeteilter Platz, ein Kleeblatt. Ich ging die drei Blätter im Uhrzeigersinn ab. Dieses Ritual schien schon längst in die architektonische Idee des Platzes eingerechnet ... »Ein alchimistisches Diagramm«, stelle ich bewundernd fest. »Die Alchimie des Raums«, ergänze ich und überlege lange, was das eigentlich bedeuten könnte.

In jener fernen Zeit der ersten Nachkriegsjahre übernachteten Touristen meiner Kategorie meist in Wartesälen oder etwas vornehmer in Bahnhofsrestaurants. Nach einer solchen Nacht machte ich mich zur Stadtbesichtigung auf, und das in Schuhen, die nicht wasserdicht waren. Der Oktober war weit vorangeschritten. Dennoch kam ich in bester Laune vor der Fassade des Doms an und verharrte. Ich glaubte, daß ich in einen Vorhof gelangt sei, der keinen Durchgang besaß, und auf demselben Weg zurückkehren müßte. Das ist etwas, was auch ausgeruhtere Spaziergänger nicht mögen. Zum Glück zeigte sich, daß Durchgänge existierten, von kleinen ellbogenförmig angeordneten Arkaden umrahmt waren und in den Ecken des gepflasterten Quadrats lagen.

Vielleicht brachte mich diese ungewöhnliche kompositorische Idee darauf, in meinem Reisenotizbuch alchimistische Diagramme zu erwähnen, wobei ich so tat, als hätte ich sie in einigen nur mir verständlichen Anzeichen erahnt. Das war ziemlich dreist, da ich über alchimistische Symbole und die Möglichkeiten ihrer philosophischen Interpretation nicht sehr viel wußte. Dennoch war ich tatsächlich auf der Spur einer interessanten Entdeckung, die ich erst heute darzustellen und zu erklären versuche.

Wenn sich nämlich der Besucher über den quadratischen Platz der Domfassade nähert, wählt er den Zugang durch die linke oder die rechte Ecke des Platzes. Er ist erstaunt, wenn er begreift – besonders, falls er ein geübtes Architektenauge hat –, daß die Eckränder zweier Palais anomal dicht am nördlichen und südlichen Eckrand der Domfassade liegen. Die Komposition ist sehr ungewöhnlich und geheimnisvoll. Und die kleinen, abgeknickten Arkaden verweisen auf ein zusätzliches Rätsel. Als ich das erste Mal hindurchging, flüsterte ich, wie ich mich erinnere, buchstäblich: »Ich bin durch die Ecke gegangen!« Damals hatte ich keine Ahnung, daß das imaginäre Ritual des Gehens durch eine Ecke eine der kompliziertesten alchimistischen Allegorien ist.

Heute kann man in der Literatur viel über die realen oder nachträglich erfundenen Geheimnisse der alten Alchimisten lesen. Darum muß man vielleicht nicht daran erinnern, daß sie Begriffen wie »Ecke« oder »Eckstein« sehr komplizierte übertragene Bedeutungen verliehen. Manchmal offenbaren ganz gewöhnliche Attribute einen weit gefächerten Sinn: *lapis angularis, lapis capitalis, lithos o akrogoniaios* ... (vergleiche C. G. Jung »Mysterium Coniunctatis: Untersuchung über die Trennung und Zusammensetzung der seelischen Gegensätze in der Alchimie«).

Damals hatte ich Jung noch nicht gelesen, sondern hielt mich unbewußt an die Regel, daß ein menschliches Wesen, solange es jung ist, nach Dr. Freud träumt oder sich bemüht, nach dessen Hinweisen seine ontologischen Rätsel zu erklären, um sie nach dem Apogäum des Lebens allmählich nach Dr. Jung zu entflechten. Scherz beiseite – offen bleibt die Frage, ob Meister Santino Solari, als er Anfang des 17. Jahrhunderts die Arbeiten am Dom begann, wirklich von alchimistischen Symbolen besessen war und ihnen eine so wichtige Rolle zudachte. Mir ist auch nicht klar, ob er persönlich die ganze Geschichte oder nach heutiger Terminologie das ganze architektonische Psychodrama mit den Eckarkaden erdacht hat. Klar ist mir jedoch, daß es auf diese indiskrete Frage keine eindeutige Antwort geben wird. Aber die Herausforderung ist vorhanden und kann nicht umgangen werden. Die eingefügten kleinen, noch dazu geknickten Arkaden betonen nicht nur die Idee der

Ecke, sondern verweisen auf die unklare Allegorie des »Gehens durch eine Ecke«, und etwas erweitert auch auf die esoterische Idee des Gehens durch einen »Eckstein«. Es klingt absurd – durch einen Stein zu gehen –, aber gleicht die Logik der alchimistischen Vorstellung nicht häufig der meta-euklidischen Logik meiner Kinderfreundin Alice Lidell?

Was Herrn B. B. betrifft, den Blutsbruder Johnnie Walkers von vor fünfzig Jahren, so war er vorübergehend im Zweifel, ob er sich nach links oder rechts wenden sollte. Ich erinnere mich genau, daß ich mich für den linken Durchgang entschied, den für künftige Besucher. Ich hätte mich auch nach rechts wenden können, unterließ es jedoch, nicht nur weil ich mich und meinen Blutsbruder damals zu den sozialistische Utopisten zählte, sondern aus anderen, ernsteren und tieferen Gründen. Interessant ist, daß ich später, wann immer ich mich in Salzburg aufhielt, dieselbe Marschroute wählte. Und stets kehrte ich nach dem Rundgang um die Kirche durch den rechten Durchgang zurück.

Um die Wahrheit zu sagen, an jenem längst vergangenen Morgen vermochte ich noch nicht über den Symbolismus der Bewegung von links nach rechts oder umgekehrt nachzudenken. Ich hatte Platon noch nicht gelesen. Und selbst wenn, so hätte ich wahrscheinlich nicht begriffen, daß ich bei der Entscheidung für die »linke Hand« genau Platons Sonnenbahn folgte (vergleiche »Leges«). Trotz häufiger Abirrungen in derselben Richtung – von links nach rechts vom Betrachter aus gesehen – bewegt sich so auch der Mond, denn die beiden Himmelskörper befinden sich ständig im Wettlauf, wenn sie einander auch selten begegnen.

Heute frage ich mich häufig, ob nicht eine listige

Regie dafür gesorgt hat, daß ich immer auf dieselbe Weise um das majestätische Gebäude herumgehe. Ob sie mich schon von vornherein in eine fußgängerisch-rituelle Hieroglyphe eingeschrieben hat. Ehrlich gesagt, mußte in meinem damaligen Fanatismus von Anfang an eine transzendierende Neugier gewesen sein. Ich hatte nasse Füße und einen heißen Kopf. Eine Vorbedingung, die der Regie nicht bekannt war und welche die alten Alchimisten wohl als *umidus ignis*, als nasses Feuer bezeichnet hätten. Dieses sinnlich-übersinnliche Paradoxon verlieh meiner Rennerei von Platz zu Platz, von Sektor zu Sektor zusätzliche Energie. So daß man meine neugierige Tänzelei um das große Geheimnis auch als *rota*, als *circulatio* und sogar als *opus circulatorium* bezeichnen könnte.

Es geht, leicht zu begreifen, um typisch alchimistische Metaphern, und sie spielen auf die Rolle der Sonne in der Natur an, aber auch auf ihre symbolische Rolle in philosophischen Experimenten, die auch eine Art Chemie sein konnten – eine mystische, aber dennoch eine Chemie. Übrigens ist in einigen alchimistischen Traktaten die Sonne nichts anderes als Schwefel und Quecksilber – *sol nihil aliud est, quam sulphur et argentum vivum*. Derartige Behauptungen gab es Hunderte, vielleicht auch Tausende ähnlicher Metaphern in allerlei Kombinationen. Die Alchimisten waren besessen von einer Dreiteilung der sichtbaren und unsichtbaren Welt (*trimeria, trimereia*) und von Dreiergruppierungen moralischer und mentaler Kategorien. Daran erinnert die betonte Dreiteilung des Raums um den Salzburger Dom, und sie verführt auch zu der Idee, daß die Form des Kleeblatts aus einem Herbarium des Paracelsus übernommen wurde:

Nun sind die drei ersten Stück, nämlich *ignis*, *sal* und

balsamus. Das sind drei Ding, und ein jeglichs *corpus* ist aus den dreien, nicht allein die Elementen, sondern auch ihre Früchte, so von ihnen kommen. Als nämlich die Erden ist in ihrem *corpus* dreifach, *Feur, sal* und *balsamus,* und was aus ihr wächst, das ist auch in drei Species dergleichen: als ein Baum, des *corpus* ist *ignis, sal, balsamus,* also der Kräuter auch. Also ist das Wasser, ist auch *ignis, sal, balsamus,* und was vom Wasser wächst, ist dergleichen nichts als *ignis, sal, balsamus.* – Nun sollet ihr wissen, daß diese drei ersten, *Feur, sal* und Balsam, wohl mögen mit andern Namen auch genennet werden, wie ich in der Philosophia melde: als *Feur sulphur,* als *sal* Balsam, als *liquor mercurius.* Das wär: *sulphur, balsamus* und *mercurius* sind die drei, die da geheißen werden *prima materia rerum.*

Es bleibt natürlich eine ganze Reihe einfacher, fast urbanistisch-handwerklicher Fragen. Vor allem: Wann und wie begann an Ort und Stelle die Dreiteilung des Raums? Der wichtigste Moment ist das Erscheinen des Doms auf der Szene, genauer, in ihrer Mitte. Mir ist nicht bekannt, ob in Scamozzis ursprünglichen Skizzen die drei Plätze vorgesehen waren, und noch weniger, ob jemand ihnen schon damals besondere Bedeutung zumaß. Hatte Solari, als er die Planung übernahm, Ratgeber? Fischer von Erlach, der hundert Jahre später die Karlskirche baute, hatte ein ganzes Gremium aus Theologen und Gelehrten zur Hand.

Berechtigt wäre auch die Frage, ob die modischen alchimistischen Spekulationen jener Zeit wirklich derart großen Einfluß auf eine raum-architektonische Idee haben konnten. Heute würde ich antworten, daß Ähnlichkeiten und Wechselwirkungen möglich, ja sehr wahrscheinlich sind. Und das nicht nur, weil Salzburg gewissermaßen Paracelsus' Stadt ist, sondern auch, weil höchstes Interesse an vielen heute vernachlässigten Weisheiten der Alchimisten-Philosophen bestand. Es genügt, die Daten des Baubeginns an den wichtigsten Gebäuden des Kleeblatt-Platzes mit den Erscheinungsjahren ganzer Serien prachtvoller, fast enzyklopädischer Bücher über Alchimie zu vergleichen, um zu sehen, daß es zwischen der »Heiligen Chemie« und der barocken »Königin der Künste«, also der Architektur, Berührungspunkte gegeben haben muß.

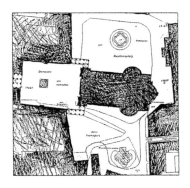

Und dann bemerkte ich plötzlich, daß ich mit mir selbst redete. Auch das kommt vor in meinem Alter: »Man sollte berücksichtigen, daß die Wirkung des geschriebenen Worts auf die Baumeister im 17. Jahrhundert stärker und tiefer war als heute. Allerdings ist die Wirkung von Worten, oft leeren Worten, auch heute nicht zu unterschätzen. Damals, in jener Epoche der europäischen Kultur, hatte das Wort von Bedeutung, der Logos, weit mehr Glaubwürdigkeit und Energie als das flatternde Wort für den einmaligen Gebrauch, der Slogan. Und gerade dieser dominiert und grassiert in unserer Zeit ...«

»Eine faszinierende Deduktion!« unterbricht mich Johnnie Walker. »Das alles kann man also bei fleißigen Spaziergängen entdecken!«

Es klang wie ein Lob, konnte aber auch eine leichte, freundschaftliche Ironie sein. Für alle Fälle erzählte ich weiter, als hätte ich nichts gehört.

»Tja, wenn Beweise erforderlich sind, dann bitte: 1566 erscheint in Straßburg ›Ars Chemica‹, eine der ersten systematisierten Chrestomathien alchimistischer Texte, die offenbar bereits treue Leser hatten. 27 Jahre später, 1593, werden in Basel zwei dicke Bände unter dem Titel ›Artis auriferae quam chemiam vocant‹ gedruckt; sie enthalten viele Muster, Hinweise, aber auch alchimistische Parabeln, Allegorien und Rätsel. Zufällig oder nicht beginnen im selben bedeutsamen Jahr in Salzburg die Räumarbeiten für den künftigen Kleeblatt-Platz, und die Arbeiten am Neubau- beziehungsweise Regierungsbau-Palast gehen weiter. Zwei Jahre später wird der Residenz-Palast in Angriff genommen, und nach weiteren zwei Jahren, 1602, erscheinen in der Stadt Ursel ...«

»Nie gehört«, seufzte Johnnie Walker. »Wo liegt diese Stadt?«

»Unterbrechen Sie mich nicht, und wenn Sie mich schon durcheinanderbringen, sagen Sie mir, wo ich stehengeblieben bin!«

»Bei einer Stadt, die in heutigen Atlanten wahrscheinlich nicht verzeichnet ist.«

»Ja, in einer Stadt namens Ursel. 1602 erscheinen die ersten drei Bände einer alchimistischen Enzyklopädie in sechs Büchern und unter dem gemeinsamen Titel ›Theatrum chemicum praecipuos selectorum auctorum tractatus‹, und 1613 wird in Straßburg unter dem schon eingeführten Titel ›Theatrum Chemicum‹ die Veröffentlichung bedeutender Texte von Chemiker-Philosophen aus Antike, Mittelalter, Renaissance und Barock fortgesetzt. Und nun, Sir John, urteilen Sie, ob es purer Zufall ist, daß gerade in diesem Jahr 1613 der Bau des Salzburger Doms begann.«

»Nach Scamozzis Skizzen?«

»Der Teufel mag wissen, was mit ihnen geschah, wenn es sie überhaupt gegeben hat. So oder so, die Arbeiten laufen nach dem Projekt und unter Aufsicht des Hof- und Dombaumeisters Santino Solari, und mittendrin, 1622, kommt die zweite enzyklopädische Serie des ›Theatrum Chemicum‹ in Straßburg aus dem Druck. Wieder sechs Jahre später, 1628, wurde der Dom geweiht, und damit geschah die Wandlung oder, linguistisch gesagt, die Umbenennung beziehungsweise Kennzeichnung des bisher unbezeichneten Bau-Areals. Mit anderen Worten, seit diesem Augenblick gibt es den Kleeblatt-Platz.«

»Und damit wäre Ihre Geschichte beendet?«

»Wieso meine Geschichte«, schimpfte ich, »seine Geschichte oder vielleicht sein Teil der Geschichte. Der Maestro lebte noch achtzehn Jahre, bevor er 1646 ruhig auf das Himmelsgerüst stieg.«

»Was heißt das?« erregte sich Johnnie. »Wie kann ein Siebzigjähriger auf ein Gerüst klettern?«

»Auf das Himmelsgerüst«, habe ich erklärt, »das sagt man von einem angesehenen Baumeister, so wie man von einem großen Schriftsteller sagt, daß sich das Buch seines Lebens geschlossen hat, von einem Opernsänger, daß er ausgesungen hat, von einem Handelsvertreter, daß er die ewige Reise angetreten hat, von einem Radrennfahrer, daß er zur Seite abgebogen ist.«

»Verstehe«, seufzte Johnnie, »so wie man von uns

sagen wird, daß wir mit unbekanntem Ziel abmarschiert sind.«

»Zwölf Jahre nach dem Hinscheiden von Meister Solari, 1658, erschienen die Eckarkaden, die mir ermöglichen, durch die Ecke zu gehen, durch den Eckstein und durch den Stein der Weisen. Und gerade in diesem wichtigen Moment erscheint auch der sechste und letzte Band unseres altbekannten ›Theatrum Chemicum‹, wieder in Straßburg, 1661. Zwei Jahre später werden die Arkaden vollendet, also in der Ecke, wenn Sie vom Domplatz oder ellbogenförmig, wenn Sie vom Residenz- beziehungsweise Kapitelplatz kommen.«

»Quod erat demonstrandum!« rief Johnnie.

»Langsam, langsam, wir sind noch nicht am Ende. Ich erinnere Sie nur an einige der interessanten, in die ganze erstaunliche Serie aufgenommenen Traktate. Zum Beispiel: ›De chemico miraculo, quod lapidem philosophiae appellant‹ oder ›De magni lapidis compositione et operatione‹ oder ›Liber de confectione veri lapidis philosophicum‹ oder ›Opera mineralia, seu de lapide philosophico omnia‹ oder ›Alani philosophi dicta de lapide philosophico‹ oder ›Liber octo capitulorum de lapide philosophorum‹ oder ›Tractatus Aristotelis alchymistae ad Alexandrum Magnum de lapide philosophico‹ und so weiter.«

»Also wir sind durch den Stein der Weisen gegangen! Es klingt, wie es soll – meta-spatial, meta-euklidisch, meta-mathematisch, à la Lewis Carroll«, gab mein mythischer Großer Flaneur zu und rutschte auf dem Stuhl herum. »Wie wäre es, wenn Sie mir ein Taxi bestellten? Meine Beine wollen nicht mehr so recht.«

Lapis Aethereus

Wenn ich in den letzten Jahren vor dem Zweiten Weltkrieg jemandem Belgrad in zwei Stunden zeigen wollte, dann führte ich ihn zuerst auf die südöstlichen Anhöhen an der Donau, wo die Sternwarte stand. Von dort aus konnte man damals die Stadt wie auf der flachen Hand sehen. »Belgrad hat keine richtigen Denkmäler«, sagte ich, weil ich als Gastgeber bescheiden sein mußte. »Mein Gott, es ist ja sein eigenes Denkmal!« rief einmal einer meiner Gäste. »Ja, aber nur aus der Ferne betrachtet«, fügte ich halblaut hinzu, nicht aus Höflichkeit, sondern weil es die Wahrheit war. Belgrad gehört zu den Städten, die man episch nennen könnte – falls das ein Trost ist. Es ist zweifellos von außen und von der Ferne eindrucksvoller als von innen und aus der Nähe.

Aus der Ferne gab es etwas zu sehen! Im Vordergrund, sozusagen zu unseren Füßen lagen Ziegeleien und Friedhöfe wie auf altertümlichen Kupferstichen. Etwas tiefer und abgelegener spürte man das geomorphologische Rückgrat des alten Belgrad, das damals noch nicht von den Betonriesen der Großstadt eingezwängt war. Hinter diesem ersten und markantesten Bühnenhorizont erblickte man in der dritten oder vierten Schicht die Dächer der Altstadt, die auf dem Hang der Save plötzlich in die Tiefe abfiel. Die Firste wurden überragt vom Turm der orthodoxen Kathedrale – pannonisches Barock. Etwas weiter nach rechts, auf dem oberen Niveau der Festungsbastionen und genau in der Achse des halbmondförmigen Vorwerks hob sich der Uhrturm ab – türkisches Barock. Wohl eine Mahnung, daß einst auch Türken hier zu Hause waren, daß sie diese Stadt liebten, Gedichte auf sie schrieben und sie mit zarten, blumigen Attributen schmückten.

Nach dem ersten Blick auf die Stadt pflegte ich meine Gäste auf die gegenüberliegende Seite zu führen. Wir fuhren mit Straßenbahnen, überquerten die Save, marschierten durch das Ödland, das Belgrad von Zemun trennte, erklommen die lößigen Kliffs – wir waren jung – bis zum Hunyadi-János-Turm. Ich hatte ihnen Belgrad von hinten gezeigt, und nun betrachteten wir es von der rechten Seite: Aus weiter Ferne mit dem Blick auf den Kalemegdanhügel mit der österreichischen Festung erkannten wir deren ideale, vom türkischen Uhrturm markierte Symmetrie. Wiederum buchstäblich zu unseren Füßen lagen die Reetdächer der alten Fischersiedlung. Etwas tiefer erstreckte sich das bürgerliche Zemun mit seiner Architektur, die an die Wiener Vorstädte erinnert, und Wasser, Sand und Schlamm umgaben uns.

Das heutige Neu-Belgrad jenseits der Save existierte noch nicht. An dieser Stelle erstreckte sich ein undefinierbares Areal aus zwei abstrakt miteinander vermischten Flüssen. Wohl nach dem Vorbild byzantinischer Autoritäten versuchten mittelalterliche serbische Schriftsteller ernsthaft zu beweisen, daß wenigstens einer davon, der Fison, das heißt die Donau, aus fernen paradiesischen Gefilden kam. In der von mir beschriebenen Zeit erinnerte die ganze Landschaft, vor allem im Frühling, an einen unvollendeten Winkel der längst erschaffenen Welt. Die Liebesvereinigung des Wassers war leicht mit den alten Legenden über die Geburt der Welt zu vergleichen, zumal im Serbischen die Donau männlichen und die Save weiblichen Geschlechts ist.

Wir Belgrader lieben es seit jeher, unseren Gästen lang und breit all die Ethnien, Stämme, Völker und Zivilisationen aufzuzählen, die in der Vergangenheit über diesen unschätzbaren Reichtum verfügten, der da Belgrad heißt. Wir nennen ungefähr zwanzig aufeinanderfolgende Belgrads, so wie sie einander an diesem Ort überlagerten. Wir erwähnen Kataklysmen, Brandkatastrophen, Zerstörungen bis auf die Grundmauern. Doch wenn ein schwärmerischer Belgrader von tragischen Ereignissen spricht und die Geschichte der Stadt in Erinnerung ruft, glaubt er felsenfest daran, daß es durch all die Zeiten um dieselbe Stadt geht, die ihre wesentlichen Merkmale und ihre Persönlichkeit nicht verloren hat, trotz der verschiedenen Sprachen, die hier gesprochen wurden, und der archäologischen Schichten, die hier aufeinanderfolgten. Die Illusion der Kontinuität wird auch genährt von einer ziemlich kanonisierten Ikonographie der Stadt, die seit dem 16. Jahrhundert gewisse unveränderliche topographische Charakteristika in den Vordergrund rückt. Und natürlich die spezifische, daraus hervorgehende Silhouette. Da diese Art der Darstellung stets eher ideographisch als realistisch ist, kann auch ein kleines Kind auf einem alten Stich Belgrad erkennen, obwohl bis zum heutigen Tag sozusagen kein Stein auf dem anderen geblieben ist.

Die Tatsache, daß Belgrad so oft niedergebrannt und dem Erdboden gleichgemacht worden ist, hat dazu beigetragen, daß das Schicksal der Stadt häufig mit dem des Vogels Phönix verglichen wird. Es gibt heute keinen Touristenführer und kein Schulbuch, in dem diese Allegorie nicht erwähnt würde, so daß sie vielen von uns schon längst zum Hals heraushängt. Ich habe oft gegrübelt, auf welchen geheimnisvollen Wegen eine altertümliche, sehr komplizierte und dann vulgarisierte Vorstellung zur Pop-Mythologie des Durchschnitts-Belgraders wurde. Die Lösung fiel einfacher aus als vermutet. Einmal fragte ich meine Nichte, die gerade etwas darüber erzählte, warum Belgrad ein Vogel Phönix ist, und sie antwortete mir selbstgewiß: »Siehst du denn nicht, daß das eigentlich ein Vogel ist?« Vor ihr lag ein Geschichtslehrbuch mit einer Luftaufnahme der Festung Kalemegdan. Mit ihrem Fingerchen zeigte sie, daß diese Vogel-Stadt einen Schnabel (das dreieckige Vorwerk erinnerte tatsächlich an einen in den Boden gebohrten Schnabel) und zwei aufgerissene Augen hat. Damit meinte sie die apfelförmigen Kuppeln auf der Kathedrale und dem Uhrturm. Die abgenutzte und für Kinder unverständliche Allegorie ist so zu einem neuen, verjüngten und aktiven mythischen Bild vom stadtförmigen Vogel geworden, der jeden Moment auffliegen kann.

Kinder denken in Bildern, und diese Gewohnheit war seinerzeit vielleicht nicht so scharfsinnig wie heute, wo sie stundenlang vor dem Bildschirm sitzen und der in ihrem Namen »träumt«, »imaginiert«, ja »nachdenkt«. Aber ob scharfsinnig oder nicht, es ist angenehm, in eigenen, nicht in geschenkten oder, Gott bewahre, aufgezwungenen Bildern zu denken. Manchmal ist es auch sehr weise. Und da ich seit jeher felsenfest an kindliche Weisheit geglaubt habe, diente mir eine harmlose inspirierte Entdeckung als Vorwand, um den »Vogel« meiner kleinen Verwandten, dieses orphische Symbol der Unsterblichkeit, an das Ende meiner Reiseberichte zu setzen: über die Stadt, aus der ich aufbrach, über die Stadt, zu der noch niemand gelangt ist, und natürlich über viele Städte, die ich unterwegs hastig besichtigt und gelesen habe, wobei ich mich bemühte, das Gelesene auch halbwegs zu verstehen.

Inhalt

Über Städte an großen Flüssen und
über Urbanisten, die nicht schwimmen können 7

Die Johnnie-Walker-Methode 16

Europa im Frühling vor fünfzig Jahren 22

Europa im Herbst vor einem halben Jahrhundert 25

Die kleinen Hexen 36

Über zerstörte Städte, einen verstorbenen Freund,
über die Alchimie der Architektur und
die Architektur der Alchimie 39

Über die Stadt zwischen Himmel und Erde 52

In den Labyrinthen der bunten und
schwarzen Futurologie 60

In der Heimat des großen Dämons 69

Aus Johnnie Walkers amerikanischem Bilderbuch ... 86

Über den Atem des Revolutionsengels 95

Platons Science-Fiction-Roman 108

Auf Marc Chagalls fliegendem Fahrrad
über dem verschütteten New York und
dem verschütteten Moskau 115

Über das synästhetische Erlebnis der Stadt 123

Ägypten im Herbst vor einem Vierteljahrhundert 130

Über elektronische Krokodile 146

Über die Paranoia der Stadtplaner (1) 151

Über die Paranoia der Stadtplaner (2) 160

Schwebt der Geist von Sir Thomas
noch über Pjöngjang? 170

Vier Pfeile 190

Vier in umgekehrter Reihenfolge
abgeschossene Pfeile oder Maos Poem
von der Umbenennung der Welt 195

Über Parallelepipedie 211

Der Alchimist Johnnie Walker schließt den Kreis 221

Lapis Aethereus 231